中华人民共和国法律援助法

注释本

法律出版社法规中心 编

法律出版社
LAW PRESS CHINA
·北京·

图书在版编目（CIP）数据

中华人民共和国法律援助法注释本／法律出版社法规中心编. -- 2 版. -- 北京：法律出版社，2025.（法律单行本注释本系列）. -- ISBN 978 - 7 - 5197 - 9572 - 6

Ⅰ. D926.05

中国国家版本馆 CIP 数据核字第 20245S1C39 号

中华人民共和国法律援助法注释本
ZHONGHUA RENMIN GONGHEGUO
FALÜ YUANZHUFA ZHUSHIBEN

法律出版社法规中心 编

责任编辑 冯高琼
装帧设计 李 瞻

出版发行	法律出版社	开本	850 毫米×1168 毫米 1/32
编辑统筹	法规出版分社	印张	7.125　字数 190 千
责任校对	翁潇潇	版本	2025 年 1 月第 2 版
责任印制	耿润瑜	印次	2025 年 1 月第 1 次印刷
经　销	新华书店	印刷	涿州市星河印刷有限公司

地址：北京市丰台区莲花池西里 7 号（100073）
网址：www.lawpress.com.cn　　　　　销售电话：010 - 83938349
投稿邮箱：info@lawpress.com.cn　　　客服电话：010 - 83938350
举报盗版邮箱：jbwq@lawpress.com.cn　咨询电话：010 - 63939796
版权所有·侵权必究

书号：ISBN 978 - 7 - 5197 - 9572 - 6　　定价：25.00 元

凡购买本社图书，如有印装错误，我社负责退换。电话：010 - 83938349

编辑出版说明

现代社会是法治社会,社会发展离不开法治护航,百姓福祉少不了法律保障。遇到问题依法解决,已经成为人们处理矛盾、解决纠纷的不二之选。然而,面对纷繁复杂的法律问题,如何精准、高效地找到法律依据,如何完整、准确地理解和运用法律,日益成为人们"学法、用法"的关键所在。

为了帮助读者快速准确地掌握"学法、用法"的本领,我社开创性地推出了"法律单行本注释本系列"丛书,至今已十余年。本丛书历经多次修订完善,现已出版近百个品种,涵盖了社会生活的重要领域,已经成为广大读者学习法律、应用法律之必选图书。

本丛书具有以下特点:

1. 出版机构权威。成立于1954年的法律出版社,是全国首家法律专业出版机构,始终秉承"为人民传播法律"的宗旨,完整记录了中国法治建设发展的全过程,享有"社会科学类全国一级出版社"等荣誉称号,入选"全国百佳图书出版单位"。

2. 编写人员专业。本丛书皆由相关法律领域内的专业人士编写,确保图书内容始终紧跟法治进程,反映最新立法动态,体现条文本义内涵。

3. 法律文本标准。作为专业的法律出版机构，多年来，我社始终使用全国人民代表大会常务委员会公报刊登的法律文本，积淀了丰富的标准法律文本资源，并根据立法进度及时更新相关内容。

4. 条文注解精准。本丛书以立法机关的解读为蓝本，给每个条文提炼出条文主旨，并对重点条文进行注释，使读者能精准掌握立法意图，轻松理解条文内容。

5. 配套附录实用。书末"附录"部分收录的均为重要的相关法律、法规和司法解释，有的还附有典型案例，使读者在使用中更为便捷，使全书更为实用。

需要说明的是，本丛书中"适用提要""条文主旨""条文注释"等内容皆是编者为方便读者阅读、理解而编写，不同于国家正式通过、颁布的法律文本，不具有法律效力。本丛书不足之处，恳请读者批评指正。

我们用心打磨本丛书，以期待为法律相关专业的学生释法解疑，致力于为每个公民的合法权益撑起法律的保护伞。

法律出版社法规中心

2024 年 12 月

目 录

《中华人民共和国法律援助法》适用提要 …………… 1

中华人民共和国法律援助法

第一章 总则 ……………………………………… 7
  第一条 立法目的 ………………………………… 7
  第二条 法律援助的概念 ………………………… 8
  第三条 法律援助工作基本原则 ………………… 9
  第四条 政府保障职责 …………………………… 10
  第五条 政府相关部门职责 ……………………… 12
  第六条 公检法机关的保障职责 ………………… 13
  第七条 律师协会职责 …………………………… 14
  第八条 鼓励群团组织、事业单位、社会组织提供
        法律援助 ………………………………… 15
  第九条 鼓励社会力量提供支持 ………………… 17
  第十条 宣传与监督 ……………………………… 18
  第十一条 表彰与奖励 …………………………… 19
第二章 机构和人员 ……………………………… 20
  第十二条 法律援助机构的设立及其职责 ………… 20
  第十三条 法律援助机构提供法律援助以及设置
         站点 …………………………………… 21
  第十四条 值班律师 ……………………………… 23

第十五条　政府购买 ………………………………… 23
　　第十六条　律师事务所、基层法律服务所、律师、
　　　　　　　基层法律服务工作者的义务 ………… 24
　　第十七条　法律援助志愿服务和志愿者 ………… 26
　　第十八条　对法律服务资源短缺地区的支持 …… 27
　　第十九条　法律援助人员应依法履职 …………… 28
　　第二十条　法律援助人员的执业要求 …………… 29
　　第二十一条　保密义务 …………………………… 30
第三章　形式和范围 ………………………………… 32
　　第二十二条　法律援助服务形式 ………………… 32
　　第二十三条　法律咨询服务方式以及保护知情权 … 34
　　第二十四条　申请刑事法律援助 ………………… 35
　　第二十五条　应当通知辩护和可以通知辩护的范围
　　　　　　　　………………………………………… 36
　　第二十六条　特殊案件辩护人的条件 …………… 38
　　第二十七条　保护犯罪嫌疑人、被告人委托辩护权
　　　　　　　　………………………………………… 39
　　第二十八条　强制医疗案件法律援助 …………… 40
　　第二十九条　被害人、原告人等申请法律援助 … 41
　　第三十条　值班律师提供法律帮助 ……………… 42
　　第三十一条　民事和行政法律援助事项范围 …… 43
　　第三十二条　不受经济困难条件限制的情形 …… 46
　　第三十三条　再审案件法律援助 ………………… 47
　　第三十四条　经济困难标准 ……………………… 48
第四章　程序和实施 ………………………………… 49
　　第三十五条　法律援助及时告知义务 …………… 49
　　第三十六条　刑事案件法律援助的通知指派程序 … 50

第三十七条　公检法机关保障值班律师依法提供法律援助 …… 51
第三十八条　法律援助的管辖 …… 52
第三十九条　转交法律援助申请的程序 …… 53
第四十条　代为提出法律援助申请 …… 54
第四十一条　经济困难状况核查 …… 55
第四十二条　免予核查经济困难状况的人员 …… 57
第四十三条　审查法律援助申请 …… 59
第四十四条　先行提供法律援助的情形 …… 60
第四十五条　特定群体法律援助服务 …… 62
第四十六条　法律援助人员相关义务 …… 63
第四十七条　受援人的义务 …… 64
第四十八条　终止法律援助的情形 …… 65
第四十九条　不服法律援助机构决定的救济 …… 68
第五十条　法律援助人员报告与提交材料 …… 70

第五章　保障和监督 …… 71
第五十一条　法律援助信息化建设 …… 71
第五十二条　法律援助补贴 …… 71
第五十三条　对受援人和法律援助人员缓减免相关费用 …… 72
第五十四条　法律援助人员培训制度 …… 74
第五十五条　受援人相关权利 …… 74
第五十六条　投诉查处制度 …… 76
第五十七条　法律援助服务质量监督 …… 76
第五十八条　法律援助信息公开制度 …… 77
第五十九条　法律援助机构质量监督措施 …… 78
第六十条　律师协会考核与惩戒 …… 79

第六章 法律责任 ········· 81
- 第六十一条 法律援助机构及其工作人员法律责任 ········· 81
- 第六十二条 律师事务所、基层法律服务所法律责任 ········· 83
- 第六十三条 律师、基层法律服务工作者责任 ········· 84
- 第六十四条 受援人以不正当手段获取法律援助的法律责任 ········· 85
- 第六十五条 冒用法律援助名义并谋利的法律责任 ········· 85
- 第六十六条 国家机关及其工作人员渎职的处分 ········· 86
- 第六十七条 法律衔接 ········· 87

第七章 附则 ········· 87
- 第六十八条 群团组织参照本法开展法律援助 ········· 87
- 第六十九条 对外国人和无国籍人提供法律援助 ········· 88
- 第七十条 军人军属法律援助办法的制定 ········· 89
- 第七十一条 施行日期 ········· 89

附录一 相关法律规定

- 中华人民共和国律师法(2017.9.1修正) ········· 90
- 律师事务所管理办法(2018.12.5修正) ········· 101
- 基层法律服务所管理办法(2017.12.25修订) ········· 119
- 基层法律服务工作者管理办法(2017.12.25修订) ········· 126
- 办理法律援助案件程序规定(2023.7.11修订) ········· 136
- 未成年人法律援助服务指引(试行)(2020.9.16) ········· 144
- 军人军属法律援助工作实施办法(2023.3.1) ········· 154
- 法律援助值班律师工作办法(2020.8.20) ········· 161

最高人民法院、最高人民检察院、公安部、司法部关于
　　刑事诉讼法律援助工作的规定(2013.2.4) ………… 168
最高人民法院、司法部关于民事诉讼法律援助工作的
　　规定(2005.9.23) ……………………………………… 174
法律援助法实施工作办法(2023.11.20) ………………… 176
法律援助志愿者管理办法(2021.12.31) ………………… 183

附录二　典型案例

司法部发布法律援助工作指导案例(2022.9.5) ………… 189
司法部发布法律援助工作指导案例(2023.9.27) ……… 196
司法部发布贯彻实施法律援助法典型案例(2023.8.23)
　　……………………………………………………………… 203

《中华人民共和国法律援助法》适用提要

2021年8月20日第十三届全国人大常委会第二十次会议通过了《中华人民共和国法律援助法》(以下简称《法律援助法》)[①]，自2022年1月1日起施行。《法律援助法》共7章71条，具体分为：总则、机构和人员、形式和范围、程序和实施、保障和监督、法律责任以及附则。主要内容介绍如下：

一、关于法律援助的概念和定位

本法第2条规定："本法所称法律援助，是国家建立的为经济困难公民和符合法定条件的其他当事人无偿提供法律咨询、代理、刑事辩护等法律服务的制度，是公共法律服务体系的组成部分。"这条规定明确了：(1)法律援助由国家承担主体责任，具体由各级政府落实。(2)法律援助的对象是经济困难的公民和符合法定条件的其他当事人。(3)法律援助是无偿的，即接受法律援助的人员不需要支付费用。(4)法律援助的方式主要是提供法律咨询、代理和刑事辩护等法律服务，形式是多样的。(5)法律援助的定位是公共法律服务，不是行政管理。

---

① 为方便阅读，本书中的法律法规名称均使用简称。——编者注

二、关于法律援助应该坚持的原则

本法规定了法律援助应该坚持的五项原则:(1)坚持中国共产党领导,法律援助工作要坚持正确的政治方向。(2)坚持以人民为中心,法律援助本身就是为民服务的事业,要有服务意识,不能因为无偿就居高临下。(3)尊重和保障人权,法律援助本身就是保障人权的体现,工作开展更要体现对人权的尊重。(4)遵循公开、公平、公正的原则,法律追求的目标就是公开、公平、公正,法律援助工作也必须维护公开、公平、公正。(5)实行国家保障与社会参与相结合,为了保证更多的力量参加法律援助工作,使更多的人得到法律援助,要充分调动和发挥社会各方面的力量。

三、关于法律援助的体制机制

按照本法规定,法律援助采取政府司法行政部门主导,有关部门和单位配合,社会力量参与的体制机制,这也是法律援助公共服务的性质所决定的。这一体制机制主要包括:(1)司法部和地方司法厅局分别指导、监督全国和本地方的法律援助工作。(2)有关部门和单位配合。这主要是指政府其他有关部门为法律援助工作提供保障。如财政部门要有经费保障;法院、检察院、公安机关要为法律援助工作提供便利;律师协会为律师、律师事务所开展法律援助工作给予支持等。(3)社会力量参与。需要明确的是,社会力量参与法律援助工作要在司法行政部门的指导下进行;这是对社会力量的要求,也是司法行政部门的责任。

四、关于法律援助的机构

本法对法律援助机构的设立、职责和工作方法作出了规定:(1)设立。县级以上人民政府司法行政部门应当设立法律援助机构,即从司法部到省、市、县各级司法行政部门都应设立法律援助机构。(2)职责。法律援助机构负责组织实施法律援助工作,具体包括:①受理和审查法律援助申请,决定是否提供法律援助;②符合法律援助条件的,指派律师、基层法律服务工作者、法律援助志愿者、本机构具有律师资格或者法律职业资格的工作人员等法律援助人员,提供法律援助;③法律援助工作完成以后,依照有关规定及时向法律援助人员支付法律援助补贴。(3)方法。具体包括:①根据工作需要,可以设置法律援助工作站或者联络点,就近受理法律援助;②可以在法院、检察院和看守所等场所派驻值班律师,为没有辩护人的犯罪嫌疑人、被告人提供法律援助;③可以通过政府采购等方式择优选择律师事务所等服务机构提供法律援助。

五、关于法律援助人员的范围和职责

法律援助人员包括律师、基层法律服务工作者、法律援助志愿者和符合一定条件的法律援助机构工作人员。法律援助人员的职责包括:(1)应当依法履行职责,及时为受援人提供符合标准的法律援助服务,维护受援人的合法权益,不能敷衍了事、出工不出力;(2)应当恪守职业道德和执业纪律,不得向受援人收取任何财物;(3)对提供法律援助过程中知悉的国家秘密、商业秘密和个人隐私应当保密;(4)按照国家法律服务资源依法跨区域流动机制安排,积极参与支持法律服务资源相对短缺地区的法律援助工作。

六、关于法律援助的形式

本法采取列举的方式对法律援助的形式作了规定,规定有两个特点。一是法律援助的形式是多种多样的:既有简单的法律服务,如法律咨询、代拟法律文书、值班律师法律帮助;也有相对复杂一些的辩护和代理,如刑事辩护和代理、民事案件、行政案件、国家赔偿案件的诉讼代理及非诉讼代理,劳动争议调解与仲裁代理。二是为法律援助形式的丰富完善留下空间,也就是说,以后法律、行政法规可以规定其他方式,司法部和地方人民政府也可以通过制定规章、地方人大制定地方性法规拓展新的方式。

七、关于法律援助的范围

本法规定的法律援助的范围比较广泛。获得法律援助事项的范围可以分为以下三类:(1)考虑经济困难状况,当事人因经济困难可以申请获得的法律援助。(2)不考虑经济困难状况,根据办案机关通知就能依法获得的法律援助,主要体现为刑事法律援助中应当或者可以指定辩护的情形。(3)符合法定情形、申请不受经济困难条件限制获得的法律援助,如英雄烈士近亲属为维护英雄烈士的人格权益等。

八、关于法律援助的程序

本法从告知通知、申请提出、审查决定、服务救济等方面规定了法律援助的程序,有关程序规定体现出的特点是:相关责任单位尽职尽责,受援人申请便利化,法律援助服务高效化,服务保障更加有力。

九、关于法律援助的保障

本法对法律援助保障的规定,主要体现在以下三个方面:(1)经费保障,即县级以上人民政府应当将法律援助相关经费列入本级政府预算,并建立动态调整机制;法律援助补贴标准由省、自治区、直辖市政府根据本地经济发展水平和服务类型、承办成本等确定,并实行动态调整;法律援助补贴免征增值税和个人所得税;法院应当根据情况对受援人缓收、减收或者免收诉讼费用,对法律援助人员复制相关材料等费用予以免收或者减收,公证机构、司法鉴定机构应当对受援人减收或者免收公证费、鉴定费。(2)人员保障,即县级以上人民政府司法行政部门应当有计划地对法律援助人员进行培训,提高法律援助人员的专业素质和服务能力;建立健全法律服务资源依法跨区域流动机制,鼓励和支持律师事务所、律师、法律援助志愿者在法律服务资源相对短缺地区提供法律援助;对在法律援助工作中做出突出贡献的组织和个人,按照有关规定给予表彰和奖励。(3)质量保障,即司法行政部门应当制定法律援助服务质量标准,通过第三方评估等方式对法律援助服务定期进行质量考核;法律援助机构应当综合运用庭审旁听、案卷检查、征询司法机关意见和回访受援人等措施,督促提升法律援助人员的服务质量。

十、关于法律援助的监督

本法从投诉、查处、信息公开和行业惩戒等几个方面,规定了法律援助的监督措施:(1)受援人的投诉权。受援人有权向法律援助机构、法律援助人员了解法律援助事项办理情况;法律援助机构、法律援助人员未依法履行职责的,受援人可以向司法行政部门投诉,并可以请求法律援助机构更换法律援助人员。(2)司法行政部门的查处。司法行政部门应当建立法律援助工作投诉查处制度;接到投诉后,应当依照有关规定受理和调查处理,并及时向投诉人告知处理结果。(3)监督机构的信息公开。司法行政部门、法律援助机构应当建立法律援助信息公开制度,定期向社会公布法律援助资金使用、案件办理、质量考核结果等情况,接受社会监督。(4)律师协会的惩戒。律师协会应当将律师事务所、律师履行法律援助义务的情况纳入年度考核内容,对拒不履行或者怠于履行法律援助义务的律师事务所、律师,依照有关规定进行惩戒。

十一、关于法律援助的法律责任

本法对于不同的主体和不同的情形,规定了不同的法律责任。

中华人民共和国法律援助法

(2021年8月20日第十三届全国人民代表大会常务委员会第三十次会议通过 2021年8月20日中华人民共和国主席令第93号公布 自2022年1月1日起施行)

第一章 总 则

第一条 【立法目的】[①]为了规范和促进法律援助工作,保障公民和有关当事人的合法权益,保障法律正确实施,维护社会公平正义,制定本法。

条文注释

本条是关于立法目的的规定。

从法律援助制度的产生和发展来看,法律援助以维护困难群体的合法利益为宗旨;其主要作用是对经济困难公民提供无偿法律服务,从根本上解决困难群众没有钱请律师、打不起官司的问题,畅通弱势群体反映合理诉求的渠道,有效维护困难群众的合法权益。在民事、行政领域,法律援助保障公民不受经济困难等因素的影响,有权获得同等的法律帮助,即经济困难公民与

[①] 条文主旨为编者所加,下同。

其他公民平等地行使诉讼权利,有效维护其合法权益。在刑事领域,法律援助帮助犯罪嫌疑人、被告人获得有效辩护,平衡控辩双方的力量,保障审判程序的正当性。可以说,法律援助制度是国家保护公民权利的法律保障制度,维护人民群众合法权益是法律援助工作的出发点和落脚点。

当公民由于经济收入、个人能力等因素,理解法律、运用法律的能力不足以维护自身合法权益时,通过法律援助制度引入专业力量提供帮助,不仅能有效维护公民合法权益,还能确保法律得到统一正确实施,实现公民在法律面前一律平等。

关联法规

《刑事诉讼法》第 35 条

《军人地位和权益保障法》第 61 条

《未成年人保护法》第 104 条

第二条 【法律援助的概念】 本法所称法律援助,是国家建立的为经济困难公民和符合法定条件的其他当事人无偿提供法律咨询、代理、刑事辩护等法律服务的制度,是公共法律服务体系的组成部分。

条文注释

本条是关于法律援助概念的规定。

本条通过对法律援助概念的立法界定,明确了法律援助的主体、对象、内容和形式。即法律援助的责任主体是国家;法律援助对象为"经济困难公民"和"符合法定条件的其他当事人";法律援助的重要内容是"无偿提供法律咨询、代理、刑事辩护等法律服务"。

根据本条规定,法律援助是公共法律服务体系的组成部分。公共法律服务是政府公共职能的重要组成部分,是保障和改善民生的重要举措。

需要注意的是,法律援助与司法救助的关系。司法救助在我国有特定的含义,是指在诉讼案件中,国家向无法通过诉讼获得有效赔偿而生活面临急迫困难的当事人、证人(限于自然人)等即时支付救助金或者减免诉讼费用,司法救助先在刑事诉讼中建立,其后于民事诉讼、行政诉讼中出现。法律援助是在执法、司法、法律监督各环节以提供无偿的法律帮助服务形式出现;而在现阶段,司法救助主要是在诉讼过程中以给付或者减免一定金额诉讼费用的救助形式出现。由此可见,我国法律援助与司法救助存在一定的交叉关系。

关联法规

《司法鉴定与法律援助工作衔接管理办法(试行)》

第三条 【法律援助工作基本原则】法律援助工作坚持中国共产党领导,坚持以人民为中心,尊重和保障人权,遵循公开、公平、公正的原则,实行国家保障与社会参与相结合。

条文注释

本条是关于法律援助工作应当遵循的基本原则的规定。

依据本条规定,法律援助工作应当遵循的基本原则有以下五项:

(1)坚持中国共产党领导。党的领导是社会主义法治最根本的保证。法律援助工作必须把坚持党的领导贯穿于法律援助工作的全过程和各方面。

(2)坚持以人民为中心。在实施和完善我国法律援助制度上,必须着眼于保护人民的合法权益,服务于人民的法律援助需求,才能真正发挥法律援助制度的功能与意义。

(3)尊重和保障人权。尊重和保障人权,需要建立实现公民权利的保障机制,依法公正对待人民群众的诉求,切实保障公民的经济、文化、社会等各方面权利得到落实,切实维护最广大人民的根本利益。建立法律援助制度的目的,就是平等保护公民权利,确保权利得以实现;尊重和保障人权是其基本功能和价值追求。

(4)遵循公开、公平、公正的原则。公开原则,是指司法行政部门、法律援助机构等主体在法律援助工作中依法对可能影响受援人权利的重要信息对外进行披露。公开的信息内容要求真实、准确、完整、及时。公平原则,是指在法律援助工作中,依法平等对待每一位受援人,平等保护经济困难公民和有关当事人的合法权益。公正原则,是指在法律援助工作中,司法行政部门、法律援助机构一视同仁地对受援人适用法律法规以及工作规则,一视同仁地开展执法监督活动,努力实现公平正义。公开、公平、公正三原则紧密联系:"公平、公正"是目标,"公开"是保障。

(5)实行国家保障与社会参与相结合。法律援助对象不仅要求得到专业的诉讼代理和辩护,也需要得到专业的法律咨询、非诉讼法律事务的指导和代理等其他形式的法律援助服务。因此,国家保障与社会参与缺一不可。

关联法规

《政府信息公开条例》第5条
《办理法律援助案件程序规定》第8条
《法律援助法实施工作办法》第2条

第四条 【政府保障职责】县级以上人民政府应当将法律援助工作纳入国民经济和社会发展规划、基本公共服务体系,保障法律援助事业与经济社会协调发展。

县级以上人民政府应当健全法律援助保障体系,将法律援助相关经费列入本级政府预算,建立动态调整机制,保障法律援助工作需要,促进法律援助均衡发展。

第一章 总 则

条文注释

本条是关于人民政府保障职责的规定。

理解本条规定,应注意以下三个方面:

(1)将法律援助工作纳入国民经济和社会发展规划。国民经济和社会发展规划是全国或者某一地区经济、社会发展的总体纲要,是具有战略意义的指导性文件,统筹安排和指导全国或某一地区的社会、经济、文化建设工作。国民经济和社会发展规划是国家加强和改善宏观调控的重要手段,也是政府履行经济调节、市场监管、社会管理和公共服务职责的重要依据。将法律援助工作纳入国民经济和社会发展规划,有利于县级以上人民政府及其有关部门树立全局意识、大局意识,从总体上和宏观上进行统筹考虑、安排部署,从而提高各级政府和有关部门法律援助工作的责任意识。

(2)将法律援助工作纳入基本公共服务体系。基本公共服务,是指建立在一定社会共识基础上,由政府主导提供的,与经济社会发展水平和阶段相适应,旨在保障全体公民生存和发展基本需求的公共服务。按照本条规定,县级以上人民政府还应将法律援助工作纳入基本公共服务体系。纳入基本公共服务体系,有利于合理界定各级政府基本公共服务事权,还有利于建立与经济发展和政府财力增长相适应的财政支出增长机制,切实增强各级财政保障法律援助事业与经济社会协调发展的能力。

(3)将法律援助相关经费列入本级政府预算,建立动态调整机制。经费保障是做好法律援助工作的关键,对于促进法律援助工作发展,保护和调动法律援助人员的积极性,提高法律援助质量和水平,都具有重要意义。需要注意的是,法律援助经费规模应当根据法律援助工作实际需要,促进法律援助均衡发展,并不是盲目地追求"多多益善"或者"只增不减",只有这样法律援助工作才能实现长期、可持续、均衡发展。除了加大财政支持力度外,还应当鼓励社会对法律援助活动提供捐助,充分发挥法律援助基金会的资金募集作用。财政、审计等部门也要加强对法律援助经费的绩效考核和监督,确保专款专用,提高经费使用效益。

关联法规

《军人地位和权益保障法》第7条

《未成年人保护法》第8条

《老年人权益保障法》第6条

第五条 【政府相关部门职责】国务院司法行政部门指导、监督全国的法律援助工作。县级以上地方人民政府司法行政部门指导、监督本行政区域的法律援助工作。

县级以上人民政府其他有关部门依照各自职责,为法律援助工作提供支持和保障。

条文注释

本条是关于政府相关部门职责的规定。

所谓指导和监督,是从法律援助工作整体角度而言的。指导主要是通过配套规章制度建设、发布典型案例、加强法律援助普法宣传等方式,在法律援助操作规范、质量标准、档案管理、信息化建设等方面提供业务指导。监督主要是对法律援助机构以及各类法律援助人员执行法律法规和政策情况进行监督,完善责任追究制度,确保法律援助机构和人员依法履行职责。本法规定的法律援助是广义的法律援助:不仅包括政府主导下的法律援助工作,还包括群团组织利用自身资源开展的法律援助工作。司法行政部门对于其设立的法律援助机构开展的法律援助工作,除了指导、监督职责外,在机构设置、人员配备、工作安排等方面,当然还负有管理职责。但对群团组织参照本法规定开展的法律援助工作,其经费和人员一般情况下不是由政府保障和管理,司法行政部门承担的主要是指导、监督职责。

根据本条规定,法律援助工作不仅是司法行政部门的主要职责,而且是政府有关部门共同的职责;这一规定有利于实现对法律援助工作的整体治理。

关联法规

《保障农民工工资支付条例》第45条

《居住证暂行条例》第12条

《法律援助法实施工作办法》第3、5条

第六条 【公检法机关的保障职责】人民法院、人民检察院、公安机关应当在各自职责范围内保障当事人依法获得法律援助,为法律援助人员开展工作提供便利。

条文注释

本条是关于公检法机关对于法律援助工作的保障职责的规定。

人民法院、人民检察院和公安机关应当在各自的职责范围内保障当事人依法获得法律援助。具体而言,人民法院、人民检察院、公安机关应根据《刑事诉讼法》等法律法规的规定履行各自职责,协助开展法律援助工作并提供保障。根据《刑事诉讼法》的规定,犯罪嫌疑人、被告人属于特殊群体且没有委托辩护人的,人民法院、人民检察院和公安机关应当通知法律援助机构指派律师为其提供辩护;人民法院、人民检察院、看守所应当告知犯罪嫌疑人、被告人有权约见值班律师,并为犯罪嫌疑人、被告人约见值班律师提供便利;人民法院缺席审判案件,被告人及其近亲属没有委托辩护人的,人民法院应当通知法律援助机构指派律师为其提供辩护;人民法院审理强制医疗案件,被申请人或者被告人没有委托诉讼代理人的,人民法院应当通知法律援助机构指派律师为其提供法律帮助。

人民法院、人民检察院和公安机关不仅要为当事人法律援助权利的实现提供保障,还要为法律援助工作人员开展法律援助工作提供便利,确保法律援助工作顺利有效地进行。具体而言,法律援助机构可以在人民法院、看守所等场所派驻值班律师,人民法院、看守所等应当提供相应的办公场所与条件;辩护律师持律师执业证书、律师事务所证明和法律援助公函(法律帮助申请表或者法律帮助通知书等)要求会见在押或者被监视居住的犯罪嫌疑人、被告人的,看守所应当及时安排会见,至迟不得超过48小时;辩护律师会见犯罪嫌疑人、被告人时不被监听;侦查阶段值班律师可以向侦查机关了解犯罪嫌疑人涉嫌的罪名及案件有关情况,案件进入审查起诉阶段后,值班律师可以查阅案卷材料,了解案情,人民检察院、人民法院应当及时安排并提供便利;已经实现卷宗电子化的地方,人民检察院、人民法院可以安排在线阅卷,等等。

关联法规

《刑事诉讼法》第35、36、39、278、293、304条

《律师法》第33条

《未成年人保护法》第104、111、116条

《法律援助法实施工作办法》第4、6条

第七条 【律师协会职责】律师协会应当指导和支持律师事务所、律师参与法律援助工作。

条文注释

本条是关于律师协会在法律援助工作中的职责的规定。

根据《律师法》的规定,律师协会是由律师、律师事务所组成的社会团体法人,是律师的自律性组织。全国设立中华全国律师协会,省、自治区、直辖市设立地方律师协会,设区的市根据需要可以设立地方律师协会。律师、律师事务所应当加入所在

地的地方律师协会。加入地方律师协会的律师、律师事务所,同时是全国律师协会的会员。

《最高人民法院、司法部关于开展刑事案件律师辩护全覆盖试点工作的办法》中提出,司法行政机关和律师协会统筹调配律师资源,为法律援助工作开展提供保障。司法行政机关、律师协会应当鼓励和支持律师开展刑事辩护业务,组织资深骨干律师办理刑事法律援助案件,发挥优秀律师在刑事辩护领域的示范作用,组织刑事辩护专项业务培训,开展优秀刑事辩护律师评选表彰活动,推荐优秀刑事辩护律师公开选拔为立法工作者、法官、检察官,建立律师开展刑事辩护业务激励机制,充分调动律师参与刑事辩护工作的积极性。人民法院、司法行政机关和律师协会应当建立健全维护律师执业权利快速处置机制,畅通律师维护执业权利救济渠道。司法行政机关和律师协会应当对律师事务所、律师开展刑事辩护业务进行指导监督,并根据律师事务所、律师履行法律援助义务情况实施奖励和惩戒。

关联法规

《律师法》第46条

《中华全国律师协会章程》第7、10条

《全国民事行政法律援助服务规范》(SF/T 0058—2023)

第八条 【鼓励群团组织、事业单位、社会组织提供法律援助】国家鼓励和支持群团组织、事业单位、社会组织在司法行政部门指导下,依法提供法律援助。

条文注释

本条是关于国家鼓励和支持群团组织、事业单位、社会组织在司法行政部门指导下依法提供法律援助的规定。

1.群团组织、事业单位、社会组织的含义

(1)群团组织,是群众性团体组织的简称。随着我国社会主义建设事业不断发展,除八大人民团体(全国总工会、共青团、全国妇联、全国工商联、全国青联、中国科协、全国台联、全国侨联)外,其他群团组织也不断成立和发展。我国的群众性团体组织一般是在党的领导下获得政府认可和支持后成立的,是党密切联系群众的重要渠道。

(2)事业单位,是指国家为了社会公益目的,由国家机关举办或者其他组织利用国有资产举办的,从事教育、科技、文化、卫生等活动的社会服务组织。

(3)社会组织在不同国家和地区有多种不同的称谓,如非政府组织、非营利组织、公民组织、第三部门、独立部门、志愿者组织、慈善组织、免税组织等,它们在内涵上区别不大。与政府、企业相区别,社会组织具有非营利性、非政府性、独立性、志愿性、公益性等基本特征。

2. 群团组织、事业单位、社会组织依法提供法律援助

本法明确规定,国务院司法行政部门指导、监督全国的法律援助工作。县级以上地方人民政府司法行政部门指导、监督本行政区域的法律援助工作。根据这一规定,群团组织、事业单位、社会组织提供法律援助,应当在司法行政部门指导下进行。

关联法规

《刑事诉讼法》第35条

《未成年人保护法》第104条

《妇女权益保障法》第72条

《残疾人保障法》第60条

《老年人权益保障法》第56条

《工会法律援助办法》第3~5条

《司法部、中国残疾人联合会关于为残疾人提供无障碍法律服务和法律援助的通知》

第一章 总则

第九条 【鼓励社会力量提供支持】国家鼓励和支持企业事业单位、社会组织和个人等社会力量,依法通过捐赠等方式为法律援助事业提供支持;对符合条件的,给予税收优惠。

条文注释

本条是关于国家鼓励和支持社会力量为法律援助事业提供支持的规定。

法律援助目前仍是一种政府主导的社会公益事业;为法律援助工作提供捐赠,是支持这项社会公益事业最广泛、最有效的方式。《公益事业捐赠法》是鼓励捐赠,规范捐赠和受赠行为,保护捐赠人、受赠人和受益人的合法权益,促进公益事业发展的专门法律。法律援助属于该法第3条第1项规定的"救助……困难的社会群体和个人的活动"。根据《公益事业捐赠法》第9条的规定,自然人、法人或者其他组织可以选择符合其捐赠意愿的公益性社会团体和公益性非营利的事业单位进行捐赠。捐赠的财产应当是其有权处分的合法财产。值得注意的是,捐赠人既可以是境内组织和个人,也可以是境外组织和个人。根据《公益事业捐赠法》第10条第1款的规定,公益性社会团体和公益性非营利的事业单位可以依照该法接受捐赠。其中公益性社会团体是指依法成立的,以发展公益事业为宗旨的基金会、慈善组织等社会团体。

关于税收优惠,根据《公益事业捐赠法》第24-26条的规定,公司和其他企业依法捐赠财产用于公益事业,依照法律、行政法规的规定享受企业所得税方面的优惠。自然人和个体工商户依法捐赠财产用于公益事业,依照法律、行政法规的规定享受个人所得税方面的优惠。境外向公益性社会团体和公益性非营利的事业单位捐赠的用于公益事业的物资,依照法律、行政法规的规定减征或者免征进口关税和进口环节的增值税。此外，《企业所得税法实施条例》《个人所得税法》《财政部、税务总局、民政部关于公益性捐赠税前扣除有关事项的公告》《财政部、税务总局、民政部关于公益性捐赠税前扣除资格确认有关衔接事项的公告》《财政部、税务总局关于通过公益性群众团体的公益性捐赠税前扣除有关事项的公告》等法律文件均有相关规定。

关联法规

《民法典》第658~660、663、665条

《公益事业捐赠法》第9、10、16、17、19、20、22、24~26条

《企业所得税法》第9条

《企业所得税法实施条例》第53条

《个人所得税法》第6条

《个人所得税法实施条例》第19条

第十条 【宣传与监督】司法行政部门应当开展经常性的法律援助宣传教育，普及法律援助知识。

新闻媒体应当积极开展法律援助公益宣传，并加强舆论监督。

条文注释

本条是关于法律援助宣传教育、普及法律援助知识、加强舆论监督的规定。

本条第1款规定，司法行政部门应当开展经常性的法律援助宣传教育，普及法律援助知识。开展法律援助宣传教育是广大人民群众了解法律援助制度的重要途径。做好法律援助宣传工作，加大宣传普及法律援助知识力度，推动法律援助工作健康发展，是贯彻落实中央关于推进全面依法治国的重大战略部署的需要，是体现以人为本、坚持司法为民、保障困难群众合法权益、实现"公民在法律面前一律平等"的宪法原则、维护社会公

平正义的需要,是健全社会主义民主法治的需要。

本条第 2 款规定,新闻媒体应当积极开展法律援助公益宣传,并加强舆论监督。本款在规定新闻媒体有积极开展法律援助公益宣传义务的同时,又赋予了新闻媒体有加强舆论监督的权利。报刊、广播、电视、网络等新闻媒体应当利用各自优势,加强对法律援助机构、法律援助人员等执行法律法规和政策以及履行职责情况的舆论监督。对违反《法律援助法》有关规定的行为给予曝光,予以揭露、批评,发挥舆论监督的作用,使法律援助中的违法行为受到社会监督,能得到及时纠正,确保法律正确实施,维护社会公平正义。

第十一条 【表彰与奖励】国家对在法律援助工作中做出突出贡献的组织和个人,按照有关规定给予表彰、奖励。

条文注释

本条是关于国家对在法律援助工作中做出突出贡献的组织和个人按照有关规定给予表彰、奖励的规定。

为了鼓励有关组织和个人积极开展法律援助,并在法律援助工作中做出贡献,本条规定了表彰、奖励措施。这是一个激励性的规定,通过表彰等手段,可以引导有关组织和个人积极依法提供或参与法律援助工作,充分调动和激发其从事法律援助工作这一重要的民生工程的积极性。通过实施表彰、奖励,一是可以使做出突出贡献的组织和个人获得物质和荣誉方面的利益,从而进一步调动其积极性、主动性,更好地在促进法律援助事业发展方面发挥作用;二是可以起到示范作用,可以进一步增强法律实施的社会效果。

关于表彰、奖励的主体。实施表彰、奖励的主体主要是负责指导、监督法律援助工作的司法行政部门。同时,有关的社会团体或其他社会组织如工会等群团组织也可以根据实际情况,联合司法行政部门实施表彰、奖励。

关于表彰、奖励的对象。即在法律援助工作中做出突出贡献的组织和个人。这既包括在法律援助的组织工作中做出突出贡献的司法行政部门及其工作人员,也包括在向受援人提供法律援助服务中做出突出贡献的组织和个人,还包括为法律援助捐助活动做出突出贡献的社会组织和个人。

关于表彰、奖励的方式。表彰主要是精神层面的,主要通过通报、证书等书面的形式进行表扬或者通过口头进行表扬,表彰有时也包含奖励。表彰的形式,包括对受表彰的组织和个人授予光荣称号,颁发奖章、证书,以及对先进事迹进行宣传等。奖励一般给予一定的奖金、经费等。

关联法规

《律师法》第46条

《公务员法》第51、53条

《志愿服务条例》第32条

第二章 机构和人员

第十二条 【法律援助机构的设立及其职责】县级以上人民政府司法行政部门应当设立法律援助机构。法律援助机构负责组织实施法律援助工作,受理、审查法律援助申请,指派律师、基层法律服务工作者、法律援助志愿者等法律援助人员提供法律援助,支付法律援助补贴。

条文注释

本条是关于法律援助机构的设立及其职责的规定。

国家是法律援助的责任主体。国家要落实"公民在法律面前一律平等"的宪法原则、实现对全体公民合法权益的保护;这是建立和实施法律援助制度的目的,也是本法的立法目的。实现这一目的有赖于设立专门的法律援助机构负责组织实施工作。我国县级以上人民政府司法行政部门设立的法律援助机构,名称一般为"法律援助中心",代表国家和政府来组织实施法律援助。

本条中的"县级以上人民政府司法行政部门",包括国务院司法行政部门,省、自治区、直辖市人民政府的司法行政部门,自治州、设区的市人民政府司法行政部门,县、自治县、不设区的市、市辖区人民政府的司法行政部门。也就是说,司法部和省、市、县三级司法行政部门都应当设立法律援助机构。

根据本条规定,法律援助机构的职责主要包括:第一,受理、审查法律援助申请。第二,指派律师、基层法律服务工作者、法律援助志愿者等法律援助人员提供法律援助。第三,支付法律援助补贴。

关联法规

《律师法》第 28 条
《未成年人保护法》第 104 条
《法律援助法实施工作办法》第 8 条
《司法部、财政部关于完善法律援助补贴标准的指导意见》
《最高人民法院、最高人民检察院、公安部、司法部关于刑事诉讼法律援助工作的规定》

第十三条 【法律援助机构提供法律援助以及设置站点】法律援助机构根据工作需要,可以安排本机构具有律师资格或者法律职业资格的工作人员提供法律援助;可以设置法律援助工作站或者联络点,就近受理法律援助申请。

条文注释

本条是关于法律援助机构安排工作人员提供法律援助、设置法律援助工作站点的规定。

1. 法律援助机构工作人员依法提供法律援助

根据本条规定,法律援助机构可以安排本机构具有律师资格或者法律职业资格的工作人员提供法律援助。即具体负责办理法律援助案件的主要有两类人员：一类是本机构具有律师资格的工作人员；另一类是本机构具有法律职业资格的工作人员。

2. 法律援助工作站点的设置及其职责

本条规定,法律援助机构根据工作需要,可以设置法律援助工作站或者联络点,就近受理法律援助申请,体现了法律援助便民服务的原则,有利于贯彻以人民为中心的执政理念。便民服务原则是法律援助的一项重要原则,法律援助机构可以根据工作需要,在法院、检察院、看守所、工会、妇联、残联等部门,为贫困户、残疾人、老年人、妇女、未成年人、农民工、军人军属、重大事故受害者等困难群众,就近设置工作站或联络点,方便困难群众申请法律援助。

法律援助工作站或者联络点的职责主要是：受理法律援助申请,即接收群众提交法律援助申请材料,经初步审查,认为符合法律援助条件的,可以当场受理并及时将申请材料转交给有管辖权的法律援助机构,也可以协助群众通过法律服务网或者其他网上渠道申请法律援助。此外,法律援助工作站或者联络点可以提供法律咨询解答、代写法律文书、宣传法律援助制度等法律服务。有的乡镇(街道)法律援助工作站还负责指导本辖区法律援助联络点的工作,协助法律援助机构开展经济困难状况核查、收集调研基层法律援助需求等具体工作。

关联法规

《法律援助值班律师工作办法》第2、27条

《国务院、中央军委关于进一步加强军人军属法律援助工作的意见》

《公安部办公厅、司法部办公厅关于进一步加强和规范看守所法律援助值班律师工作的通知》

第十四条 【值班律师】法律援助机构可以在人民法院、人民检察院和看守所等场所派驻值班律师,依法为没有辩护人的犯罪嫌疑人、被告人提供法律援助。

条文注释

本条是关于值班律师制度的规定。

值班律师,是指法律援助机构在看守所、人民检察院、人民法院等场所设立法律援助工作站,通过派驻或安排的方式,为没有辩护人的犯罪嫌疑人、被告人提供法律帮助的律师。

可以担任值班律师的人员主要包括执业律师和本法第13条规定的法律援助机构具有律师资格或者法律职业资格的工作人员。值班律师法律援助涉及犯罪嫌疑人、被告人人身权利,对刑事方面的专业知识、执业能力要求高,基层法律服务工作者、没有执业律师资格的法律援助志愿者不能提供值班律师法律援助。

关联法规

《刑事诉讼法》第36、173、174条
《法律援助值班律师工作办法》第2、20条
《法律援助法实施工作办法》第14条

第十五条 【政府购买】司法行政部门可以通过政府采购等方式,择优选择律师事务所等法律服务机构为受援人提供法律援助。

条文注释

本条是关于政府购买法律援助服务的规定。

根据《政府采购法》的规定,"政府采购",是指各级国家机

关、事业单位和团体组织,使用财政性资金采购依法制定的集中采购目录以内的或者采购限额标准以上的货物、工程和服务的行为。"政府购买法律服务",是指把政府直接提供的一部分公共法律服务事项以及政府履职所需法律服务事项,按照一定的方式和程序交由具备条件的法律服务机构等社会力量承担,并由政府根据服务数量、质量,按照合同约定向其支付费用。

"法律服务机构",是指面向社会提供有偿法律服务的组织。本条规定政府购买法律援助服务的承接主体主要包括:(1)律师事务所;(2)基层法律服务所;(3)法律援助类社会组织。法律援助类社会组织是指经司法行政部门审查同意,民政部门批准成立的,专门从事法律援助实务或者理论研究的非营利性组织。

关联法规

《政府采购法》
《政府采购法实施条例》
《法律援助值班律师工作办法》第 32 条

第十六条 【律师事务所、基层法律服务所、律师、基层法律服务工作者的义务】律师事务所、基层法律服务所、律师、基层法律服务工作者负有依法提供法律援助的义务。

律师事务所、基层法律服务所应当支持和保障本所律师、基层法律服务工作者履行法律援助义务。

条文注释

本条是关于律师事务所、基层法律服务所、律师、基层法律服务工作者提供法律援助义务的规定。

根据本条第 1 款的规定,提供法律援助是律师事务所、基层法律服务所、律师、基层法律服务工作者应履行的义务。本法第 61~63 条规定了拒绝履行法律援助义务的有关行为的法律责任。

义务履行标准,即律师事务所、基层法律服务所、律师、基层法律服务工作者应当依法履行职责,符合法律援助服务的质量标准。本法第57条规定,司法行政部门应当加强对法律援助服务的监督,制定法律援助服务质量标准,通过第三方评估等方式定期进行质量考核。第55条中规定,法律援助机构、法律援助人员未依法履行职责的,受援人可以向司法行政部门投诉,并可以请求法律援助机构更换法律援助人员。

根据本条第2款的规定,律师事务所、基层法律服务所应当支持和保障本所律师、基层法律服务工作者履行法律援助义务。《律师执业管理办法》第45条规定,律师应当按照国家规定履行法律援助义务,为受援人提供符合标准的法律服务,维护受援人的合法权益;不得拖延、懈怠履行或者擅自停止履行法律援助职责,或者未经律师事务所、法律援助机构同意,擅自将法律援助案件转交其他人员办理。《律师事务所管理办法》第48条规定,律师事务所应当依法履行法律援助义务,及时安排本所律师承办法律援助案件,为办理法律援助案件提供条件和便利,无正当理由不得拒绝接受法律援助机构指派的法律援助案件。《基层法律服务所管理办法》第24条和《基层法律服务工作者管理办法》第34条等也规定了基层法律服务所、基层法律服务工作者应当按照有关规定履行法律援助义务。

关联法规

《律师法》第42条

《律师执业管理办法》第45条

《律师事务所管理办法》第48条

《基层法律服务所管理办法》第24条第5项

《基层法律服务工作者管理办法》第34条

第十七条 【法律援助志愿服务和志愿者】国家鼓励和规范法律援助志愿服务；支持符合条件的个人作为法律援助志愿者，依法提供法律援助。

高等院校、科研机构可以组织从事法学教育、研究工作的人员和法学专业学生作为法律援助志愿者，在司法行政部门指导下，为当事人提供法律咨询、代拟法律文书等法律援助。

法律援助志愿者具体管理办法由国务院有关部门规定。

条文注释

本条是关于法律援助志愿服务和志愿者的规定。

本条第1款是关于国家鼓励和规范法律援助志愿服务的规定。根据《志愿服务条例》的规定，志愿服务是指志愿者、志愿服务组织和其他组织自愿、无偿向社会或者他人提供的公益服务。法律援助志愿者要依法提供法律援助。为保障社会力量参与法律援助的健康、有序发展，本法明确，一方面要鼓励法律志愿服务，另一方面也要规范法律志愿服务。

本条第2款是关于高等院校、科研机构组织相关人员提供法律援助志愿服务的相关要求的规定。相较于其他社会团体和企事业单位而言，从事法学教育、研究工作的高等院校、科研机构在从事法律援助工作方面具有相当大的专业优势和可操作性，应当成为社会参与法律援助工作的中坚力量。高等院校、科研机构组织法学专业的教师与学生作为法律援助志愿者，一方面可以充实法律援助的社会力量，增添法律援助的活力；另一方面也给法学专业的师生提供接触实践、参与实践的机会，成为高校人才培养的一个环节，从而形成双赢的局面。但同时，由于学生尚处于学习阶段，不具备完全执业的能力，因此可在司法行政部门的指导下，为当事人提供法律咨询、代拟法律文书等法律援助。

目前,对于负有依法提供法律援助义务的律师群体已经形成了较为规范化和体系化的制度设计,但对从事志愿服务的个体,还需要加强规范化管理。因此,本条第3款明确,"法律援助志愿者具体管理办法由国务院有关部门规定"。

关联法规

《志愿服务条例》第2、23条

《志愿服务记录与证明出具办法(试行)》第26条

《中央专项彩票公益金法律援助项目实施与管理办法》第28条

《学生志愿服务管理暂行办法》

《中央社会工作部、教育部、司法部关于加强高校法律援助志愿服务工作的意见》

《法律援助志愿者管理办法》

第十八条 【对法律服务资源短缺地区的支持】国家建立健全法律服务资源依法跨区域流动机制,鼓励和支持律师事务所、律师、法律援助志愿者等在法律服务资源相对短缺地区提供法律援助。

条文注释

本条是关于为法律服务资源相对短缺地区提供人力支持的规定。

我国幅员辽阔、经济社会发展水平不一,法律服务资源分布的不充分、不均衡问题突出。以律师为例,目前一些欠发达地区律师资源严重不足。本条规定的"法律服务资源相对短缺地区"要从城乡、区域两个方面作广义的理解。一是与城市相对的乡村地区。司法部将以满足农村地区广大人民群众对法律服务的需求为目标,采取措施加快推进覆盖城乡的公共法律服务体系建设,在现有基础上以县(市、区)公共法律服务中心、乡镇(街道)公共法律服务工作站为重点,加强基层实体平台标准化、规范化建设,完善服务功能,提高服务质量。二是欠发达地区,特别是法律服务资源相对匮乏的西藏、四川、云南、甘肃、青海等地。要分别从政策、人才、资金、项目等方面着手,立足所需、突出重点、精准发力,切实满足当地人民群众基本公共法律服务需求。

国家建立健全法律服务资源依法跨区域流动机制,应着重从以下方面入手:(1)扩大律师事务所覆盖面;(2)加强法律援助志愿服务工作;(3)加大经费保障和政策支持力度。

关联法规

《律师事务所管理办法》第48条
《司法部关于推进公共法律服务平台建设的意见》
《乡镇法律服务业务工作细则》
《司法部关于基层法律服务工作者诉讼代理执业区域问题的批复》

第十九条 【法律援助人员应依法履职】法律援助人员应当依法履行职责,及时为受援人提供符合标准的法律援助服务,维护受援人的合法权益。

条文注释

本条是关于法律援助人员应依法履职的规定。

本条的义务主体为法律援助人员,是指参与法律援助工作的所有人员,包括法律援助机构工作人员、律师、基层法律服务工作者和法律援助志愿者。义务内容为依法履行职责,及时为受援人提供符合标准的法律援助服务。其中,"依法"中的"法"是指宪法、法律、行政法规、地方性法规、自治条例和单行条例、规章、法律解释,以及我国和政府加入的条约和行政协定。"职责"应分为微观和宏观两个层面来理解。微观层面是指法律援助人员应按照相关法律法规的规定,履行法律服务工作义务,包括为受援人提供有关法律问题的意见;草拟、审查法律文书;代理参加诉讼、调解或者仲裁活动;办理委托的其他法律事务等。宏观层面是指维护受援人合法权益,维护法律正确实施,维护社会公平和正义。

关联法规

《律师法》第42条

《法律援助值班律师工作办法》第3条

《律师执业管理办法》第45条

《中央专项彩票公益金法律援助项目实施与管理办法》第23条

第二十条 【法律援助人员的执业要求】法律援助人员应当恪守职业道德和执业纪律,不得向受援人收取任何财物。

条文注释

本条是关于法律援助人员的执业要求的规定。

(1)法律援助人员应当恪守职业道德和执业纪律。一是法律援助人员应当恪守职业道德。法律援助工作既是一种国家义务与政府责任,也是一种社会公益事业;法律规则只是提供了最低限度的制度运行规范,法律援助工作的质量更需要从道德规范的层面进行保障。二是法律援助人员应当恪守执业纪律。执业纪律是法律援助人员在实施法律援助活动中所应遵循的一系列行为规范:既包括国家制定的与律师执业或法律援助相关的法律法规,也包括指引性规范性文件,还包括行业自律准则等。

(2)法律援助人员不得向受援人收取任何财物。法律援助人员不得向受援人收取任何财物是法律援助人员恪守职业道德和执业纪律最重要的内容之一。法律援助的目的是保障公民平等地进入法律程序中,实现司法公正,因此无偿是法律援助的本质要求。从法律援助机构、法律援助人员与受援人的法律关系来看,法律援助人员代表法律援助机构履行法律援助职能,法律援助的过程受到司法行政机关和法律援助机构的监督。法律援助作为一项政府责任,属于政府提供公共服务的范畴。法律援助人员受法律援助机构的指派,在法律援助过程中产生的必要支出应当由政府承担;向受援人收受财物既违反法律援助制度提供无偿法律服务的本意,也违背法律援助人员基于指派提供服务的执业纪律。

关联法规

《律师法》第3条

《法律援助值班律师工作办法》第29条

《律师执业管理办法》第44条

《中央专项彩票公益金法律援助项目实施与管理办法》第23、42条

第二十一条 【保密义务】法律援助机构、法律援助人员对提供法律援助过程中知悉的国家秘密、商业秘密和个人隐私应当予以保密。

条文注释

本条是关于法律援助机构和法律援助人员的保密义务的规定。

1. 保守国家秘密的义务

根据《保守国家秘密法》第2条的规定,"国家秘密是关系国家安全和利益,依照法定程序确定,在一定时间内只限一定范围的人员知悉的事项"。国家秘密受法律保护,一切国家机关、武装力量、政党、社会团体、企业事业单位和公民都有保守国家

秘密的义务。这是维护国家安全和利益、保障社会主义建设事业顺利进行的需要；任何危害国家秘密安全的行为，都必须受到法律追究。因此，法律援助人员对提供法律援助过程中知悉的国家秘密也应当依法履行保密义务。

2. 保守商业秘密的义务

商业秘密，是指不为公众所知悉、具有商业价值并经权利人采取相应保密措施的技术信息、经营信息等商业信息。保护经营者的商业秘密，主要是为了防止其他经营者非法使用商业秘密，保护商业秘密权利人和相关主体的合法权益，维护公平竞争的市场环境。根据《民法典》第123条的规定，商业秘密是民事主体享有的一项知识产权，商业秘密受到法律保护。

3. 保守个人隐私的义务

根据《民法典》第1032条第2款的规定，"隐私是自然人的私人生活安宁和不愿为他人知晓的私密空间、私密活动、私密信息"。法律援助人员对提供法律援助过程中知悉的个人隐私也应当依法履行保密义务。

关联法规

《保守国家秘密法》

《反不正当竞争法》第21条

《民法典》第120、123、1032条

《刑法》第219、398条

《律师法》第38条

《国家安全法》第77条

《刑事诉讼法》第48条

《律师执业管理办法》第43条

《法律援助值班律师工作办法》第29条

第三章 形式和范围

第二十二条 【法律援助服务形式】法律援助机构可以组织法律援助人员依法提供下列形式的法律援助服务：
（一）法律咨询；
（二）代拟法律文书；
（三）刑事辩护与代理；
（四）民事案件、行政案件、国家赔偿案件的诉讼代理及非诉讼代理；
（五）值班律师法律帮助；
（六）劳动争议调解与仲裁代理；
（七）法律、法规、规章规定的其他形式。

条文注释

本条是关于法律援助服务形式的规定。

根据本条规定，法律援助机构可以组织法律援助人员依法提供的法律援助服务有以下形式：

（1）法律咨询。法律咨询是法律援助人员对当事人提出的有关法律事务问题提供解释、说明，提出建议和解决方案等服务。

（2）代拟法律文书。代拟法律文书是当事人因欠缺法律知识等，对起草、撰写申请书、起诉状、答辩状、申诉状等法律文书有困难时，法律援助人员为其提供的代为起草、撰写法律文书的服务。

（3）刑事辩护与代理。刑事辩护与代理是法律援助机构接到司法机关通知或者应有关当事人申请，指派律师等法律援助人员,为刑事案件犯罪嫌疑人、被告人提供的辩护服务,以及为刑事案件的被害人、自诉人,附带民事诉讼案件的原告人等当事人提供的代理服务。

(4)民事案件、行政案件、国家赔偿案件的诉讼代理及非诉讼代理。本项法律援助服务形式是法律援助机构应有关当事人的申请,指派或者安排法律援助人员为当事人提供的民事案件诉讼代理、行政案件诉讼代理、国家赔偿案件诉讼代理,以及民事案件非诉讼代理、行政案件非诉讼代理、国家赔偿案件非诉讼代理。

(5)值班律师法律帮助。值班律师法律帮助是法律援助机构通过在看守所、人民检察院、人民法院等场所设立法律援助工作站,以派驻或者安排律师的方式,为没有辩护人的犯罪嫌疑人、被告人提供法律咨询、程序选择建议、申请变更强制措施、对案件处理提出意见等法律帮助。

(6)劳动争议调解与仲裁代理。劳动争议调解与仲裁代理是法律援助机构应劳动者申请,指派或者安排法律援助人员为与用人单位发生劳动争议的劳动者提供的调解代理或者仲裁代理服务。

(7)法律、法规、规章规定的其他形式。本项属于兜底性条款。根据本项规定,除了本条第1项至第6项列举的法律援助服务形式外,我国其他法律、行政法规、地方性法规、部门规章、地方政府规章还可以就其他形式的法律援助服务作出规定。

需要说明的是,本条所作的列举只是对法律援助服务的形式作了规定,当事人实际能否获得上述形式的法律援助服务,主要取决于是否符合各类型法律援助对象和事项范围的具体规定。

关联法规

《刑事诉讼法》第35、36条

《律师法》第28~30条
《律师执业管理办法》第25条
《法律援助值班律师工作办法》第6条
《工会法律援助办法》

> **第二十三条 【法律咨询服务方式以及保护知情权】**法律援助机构应当通过服务窗口、电话、网络等多种方式提供法律咨询服务;提示当事人享有依法申请法律援助的权利,并告知申请法律援助的条件和程序。

条文注释

本条是关于法律咨询服务方式以及保护当事人知情权的规定。

(1)通过多种方式提供法律咨询服务。本条是对本法第22条规定的法律援助服务形式在实施方式上的进一步规定。本条规定,法律援助机构应当通过服务窗口、电话、网络等多种方式积极提供法律咨询服务。在以面对面为接受法律咨询的传统形式的基础上,随着科技的发展,我国公共法律服务已经实现实体、热线、网络三大平台全面建成。通过多平台渠道能够汇聚更多、更优质的资源,为人民群众提供多元化、"一站式"的法律服务。

(2)充分保障当事人的知情权。知情权是保障当事人能够依法申请法律援助的前提和基础;法律援助机构作为负责组织实施法律援助的机构,对保护当事人的知情权具有十分重要的作用。根据本条规定,法律援助机构应当履行下列义务来保护当事人的知情权:一种是提示义务,即提示当事人有依法申请法律援助的权利;另一种是告知义务,即告知当事人申请法律援助的条件和程序。

关联法规

《全国民事行政法律援助服务规范》(SF/T 0058—2023)

第二十四条 【申请刑事法律援助】刑事案件的犯罪嫌疑人、被告人因经济困难或者其他原因没有委托辩护人的，本人及其近亲属可以向法律援助机构申请法律援助。

条文注释

本条是关于申请刑事法律援助条件的规定。

根据本条规定，刑事案件的犯罪嫌疑人、被告人申请刑事法律援助的法定条件如下：

(1) 必须发生于刑事案件之中。犯罪嫌疑人、被告人申请刑事法律援助的法定条件之一，就是必须发生于刑事案件之中。换言之，如果发生于民事诉讼案件或行政诉讼案件等非刑事诉讼案件中，就不具有申请刑事法律援助的法定条件。

(2) 必须没有委托辩护人。如果犯罪嫌疑人、被告人已经自行委托或者授权委托了辩护人，则不能申请刑事法律援助。

(3) 必须由于经济困难或者其他原因。一般而言，在依法申请类型的刑事法律援助中，犯罪嫌疑人、被告人由于家庭经济困难或者自身没有经济收入，导致其难以委托辩护人。此外，其他原因属于开放性根据，法律援助机构具有一定的自由裁量权，如犯罪嫌疑人、被告人在经济上并不困难，但是由于财产被扣押或者被亲属强行保管而无法使用等特殊情况。

(4) 必须由本人及其近亲属向法律援助机构申请法律援助。其中，本人是指犯罪嫌疑人、被告人，近亲属是指夫、妻、父、母、子、女、同胞兄弟姊妹。

关联法规

《刑事诉讼法》第35、108条

《最高人民法院、司法部关于开展刑事案件律师辩护全覆盖试点工作的办法》第2、3条

《最高人民法院关于适用〈中华人民共和国刑事诉讼法〉的

解释》第44条第1款

《人民检察院刑事诉讼规则》第40条

《公安机关办理刑事案件程序规定》第43条

第二十五条 【应当通知辩护和可以通知辩护的范围】
刑事案件的犯罪嫌疑人、被告人属于下列人员之一,没有委托辩护人的,人民法院、人民检察院、公安机关应当通知法律援助机构指派律师担任辩护人:

(一)未成年人;

(二)视力、听力、言语残疾人;

(三)不能完全辨认自己行为的成年人;

(四)可能被判处无期徒刑、死刑的人;

(五)申请法律援助的死刑复核案件被告人;

(六)缺席审判案件的被告人;

(七)法律法规规定的其他人员。

其他适用普通程序审理的刑事案件,被告人没有委托辩护人的,人民法院可以通知法律援助机构指派律师担任辩护人。

条文注释

本条是关于应当通知辩护和可以通知辩护范围的规定。

本条第1款对应当通知辩护的范围作了规定。即犯罪嫌疑人、被告人属于下列人员之一,且没有委托辩护人的,人民法院、人民检察院、公安机关应当通知法律援助机构指派律师担任辩护人:

(1)未成年人。未成年犯罪嫌疑人、被告人心智尚未完全成熟,相对于成年犯罪嫌疑人、被告人,可能在对刑事诉讼活动性质和后果的认知、正确表达个人意见、充分行使诉讼权利等方面,存在一定的欠缺和不足,因而有必要对其辩护权加强保护。

(2)视力、听力、言语残疾人。根据国家标准《残疾人残疾分类和分级》(GB/T 26341—2010)的规定,视力残疾是指各种原因导致双眼视力低下并且不能矫正或双眼视野缩小,以致影响其日常生活和社会参与。视力残疾包括盲及低视力。听力残疾是指各种原因导致双耳不同程度的永久性听力障碍,听不到或听不清周围环境声及言语声,以致影响其日常生活和社会参与。言语残疾是指各种原因导致的不同程度的言语障碍,经治疗1年以上不愈或病程超过2年,而不能或难以进行正常的言语交流活动,以致影响其日常生活和社会参与。其包括:失语、运动性构音障碍、器质性构音障碍、发声障碍、儿童言语发育迟滞、听力障碍所致的言语障碍、口吃等。

(3)不能完全辨认自己行为的成年人。尚未完全丧失辨认或者控制自己行为能力的成年人,由于疾病或其自身缺陷,可能会造成其法律知识欠缺、对外界事物认识偏差,在庭审中对证据的识别以及辩护存在障碍,因此有必要对其辩护权加强保护。

(4)可能被判处无期徒刑、死刑的人。需要说明的是,这里的"可能"被判处死刑、无期徒刑,是人民法院、人民检察院、公安机关根据案件的事实和证据情况得出的一种判断,而并非定论。这里的"死刑"包括"死刑立即执行"和"死刑缓期两年执行"。

(5)申请法律援助的死刑复核案件被告人。死刑复核程序是对判处死刑的案件进行审查核准的特殊审判程序。《刑事诉讼法》规定了死刑复核程序。死刑复核程序牵涉是否核准对被告人的死刑判决,有必要保证死刑复核案件被告人充分行使辩护权。需要说明的是,本项通知程序的启动,还需要被告人提出法律援助申请。

(6)缺席审判案件的被告人。根据《刑事诉讼法》的规定,对贪污贿赂犯罪案件,以及需要及时进行审判,经最高人民检察院核准的严重危害国家安全犯罪、恐怖活动犯罪案件,人民法院在特定条件下可以在被告人不出庭的情况下进行开庭审判。缺席审判案件被告人不在庭,不能自行辩护,在没有委托辩护人的情况下,有必要将其纳入应当通知辩护的范围。

(7)法律法规规定的其他人员。本项是兜底性条款。

本条第2款对可以通知辩护的范围作了规定。即其他适用普通程序审理的刑事案件,被告人没有委托辩护人的,人民法院可以通知法律援助机构指派律师担任辩护人。这里的"适用普通程序审理的刑事案件"包括人民法院适用普通程序审理的一审案件和二审案件,不包括人民法院按照简易程序、速裁程序、审判监督程序和特别程序审理的案件。

关联法规

《刑事诉讼法》第35、293条

《最高人民法院、司法部关于开展刑事案件律师辩护全覆盖试点工作的办法》第2条

《未成年人保护法》第104条

《残疾人保障法》第60条

《最高人民法院关于适用〈中华人民共和国刑事诉讼法〉的解释》第47条

《人民检察院刑事诉讼规则》第42、460条

《公安机关办理刑事案件程序规定》第46条

《法律援助法实施工作办法》第9、12条

第二十六条 【特殊案件辩护人的条件】对可能被判处无期徒刑、死刑的人,以及死刑复核案件的被告人,法律援助机构收到人民法院、人民检察院、公安机关通知后,应当指派具有三年以上相关执业经历的律师担任辩护人。

第三章 形式和范围 39

条文注释

本条是关于为特殊犯罪嫌疑人、被告人指派的辩护人应当具备条件的规定。

理解本条规定,需要注意以下三个方面:(1)对于本条规定的犯罪嫌疑人、被告人,法律援助机构只能指派律师担任辩护人,而不能指派非律师的基层法律服务工作者、法律援助志愿者等法律援助人员担任辩护人。(2)这里的"律师"指的是《律师法》规定中的律师,即依法取得律师执业证书,接受委托或者指定,为当事人提供法律服务的执业人员。(3)指派的律师必须具有3年以上的相关执业经历。这里的"相关执业经历"指的是从事刑事辩护经历;"3年"应当从取得律师执业证书并开始从事刑事辩护服务起算。对于取得律师执业证书后,不从事刑事辩护服务或者从事刑事辩护服务不满3年的律师,不得指派其担任本条中的辩护人。

关联法规

《最高人民法院、司法部关于为死刑复核案件被告人依法提供法律援助的规定(试行)》

第二十七条 【保护犯罪嫌疑人、被告人委托辩护权】 人民法院、人民检察院、公安机关通知法律援助机构指派律师担任辩护人时,不得限制或者损害犯罪嫌疑人、被告人委托辩护人的权利。

条文注释

本条是关于保护犯罪嫌疑人、被告人委托辩护权的规定。

在刑事诉讼中,犯罪嫌疑人、被告人的辩护权可以通过自行辩护、委托辩护和法律援助机构指派律师辩护三种方式得以实现。在上述三种辩护方式中,因为委托辩护人或是具备专业法律知识的律师,或是与犯罪嫌疑人、被告人具有一定的关系,如监护人、亲友担任委托辩护人的情况，容易获得犯罪嫌疑人、被告人的信赖，所以，委托辩护是犯罪嫌疑人、被告人采用最多的辩护方式。本法中有关对犯罪嫌疑人、被告人提供刑事法律援助的规定，无论是犯罪嫌疑人、被告人申请法律援助机构指派律师辩护，还是人民法院、人民检察院、公安机关通知法律援助机构指派律师辩护，均以犯罪嫌疑人、被告人没有委托辩护人为前提。这表明法律援助机构指派律师辩护提供的是一种兜底性的法律援助服务，这种辩护形式不能与委托辩护相冲突，更不能限制或者损害犯罪嫌疑人、被告人委托辩护人的权利。

关联法规

《最高人民法院关于适用〈中华人民共和国刑事诉讼法〉的解释》第50条

《最高人民法院、最高人民检察院、公安部、司法部关于刑事诉讼法律援助工作的规定》第5条

《最高人民法院、司法部关于开展刑事案件律师辩护全覆盖试点工作的办法》第2条

第二十八条　【强制医疗案件法律援助】强制医疗案件的被申请人或者被告人没有委托诉讼代理人的，人民法院应当通知法律援助机构指派律师为其提供法律援助。

条文注释

本条是关于为强制医疗案件的被申请人或者被告人提供法律援助的规定。

理解本条规定，需要注意以下五个要点：(1) 由于被申请人、被告人是无民事行为能力人，自己无法委托诉讼代理人，需要由其法定代理人代为委托，因此这里的"没有委托诉讼代理人"包括"其法定代理人没有代为委托诉讼代理人"。(2) 根据《刑事诉讼法》第47条的规定，委托诉讼代理人参照委托辩护

人的规定执行。因此,被申请人或者被告人可以委托1~2人作为诉讼代理人。可以被委托为诉讼代理人的范围包括：律师；人民团体或者被申请人、被告人所在单位推荐的人；被申请人、被告人的监护人、亲友。(3)通知的主体只限于人民法院,法律援助机构指派律师提供法律援助的阶段仅限于开庭审理阶段。(4)根据《法律援助法》第36条的规定,人民法院发现强制医疗案件的被申请人、被告人没有委托诉讼代理人的,应当在3日内通知法律援助机构指派律师,法律援助机构收到通知后应当在3日内指派律师并通知人民法院。(5)法律援助机构只能指派律师为被申请人或者被告人提供法律援助,而不能指派非律师的基层法律服务工作者或者法律援助志愿者提供法律援助,也不能安排本机构的工作人员为被申请人或者被告人提供法律援助。

关联法规

《刑事诉讼法》第302~304条

《人民检察院刑事诉讼规则》第545条

《法律援助法实施工作办法》第13条

第二十九条　【被害人、原告人等申请法律援助】刑事公诉案件的被害人及其法定代理人或者近亲属,刑事自诉案件的自诉人及其法定代理人,刑事附带民事诉讼案件的原告人及其法定代理人,因经济困难没有委托诉讼代理人的,可以向法律援助机构申请法律援助。

条文注释

本条是关于刑事案件的被害人、自诉人,附带民事诉讼案件的原告人等申请法律援助的规定。

根据本条规定,下列人员因经济困难没有委托诉讼代理人的,可以向法律援助机构申请法律援助：

（1）刑事公诉案件的被害人及其法定代理人或者近亲属。刑事公诉案件是指人民检察院向人民法院提起诉讼的刑事案件。

（2）刑事自诉案件的自诉人及其法定代理人。根据《刑事诉讼法》第210条的规定，自诉案件包括下列案件：①告诉才处理的案件；②被害人有证据证明的轻微刑事案件；③被害人有证据证明对被告人侵犯自己人身、财产权利的行为应当依法追究刑事责任，而公安机关或者人民检察院不予追究被告人刑事责任的案件。

（3）刑事附带民事诉讼案件的原告人及其法定代理人。根据《刑事诉讼法》第101条第1款的规定，刑事附带民事诉讼的原告人一般为被害人；被害人死亡或者丧失行为能力的，被害人的法定代理人、近亲属可以作为原告人提起附带民事诉讼。

关联法规

《最高人民法院、司法部关于开展刑事案件律师辩护全覆盖试点工作的办法》第2条

第三十条　【值班律师提供法律帮助】值班律师应当依法为没有辩护人的犯罪嫌疑人、被告人提供法律咨询、程序选择建议、申请变更强制措施、对案件处理提出意见等法律帮助。

条文注释

本条是关于值班律师提供法律帮助的规定。

本条对值班律师的工作职责作了原则性规定。这里的"没有辩护人"指的是犯罪嫌疑人、被告人"没有委托辩护人，法律援助机构也没有指派律师为其提供辩护"。

根据本条规定，值班律师的工作职责主要包括：

（1）提供法律咨询。这是指值班律师解答犯罪嫌疑人、被告人的法律问题，介绍《刑法》和《刑事诉讼法》等法律规定，使

犯罪嫌疑人、被告人正确理解自己涉嫌犯罪的性质和法律后果，并清楚有关的诉讼程序。

（2）提供程序选择建议。这是指对于采取何种诉讼程序处理案件，值班律师在向犯罪嫌疑人、被告人说明程序的法律规定和法律结果的基础上，向犯罪嫌疑人、被告人提出选择意见。

（3）申请变更强制措施。这是指犯罪嫌疑人被采取强制措施的，值班律师可以为其向有关司法机关申请予以变更。例如，犯罪嫌疑人被拘留、逮捕的，值班律师可以申请将拘留、逮捕变更为取保候审、监视居住；犯罪嫌疑人被监视居住的，值班律师可以申请将监视居住变更为取保候审等。

（4）对案件处理提出意见。其包括对犯罪嫌疑人、被告人如何进行刑事诉讼，在诉讼中如何供述等程序问题提出意见，也包括对是否构成犯罪，是否有自首、立功、坦白等情节，人民检察院的量刑建议中的主刑、附加刑以及是否适用缓刑等问题，为犯罪嫌疑人、被告人向人民法院、人民检察院、公安机关提出处理意见。

关联法规

《刑事诉讼法》第36条
《法律援助值班律师工作办法》第6~8条
《人民检察院刑事诉讼规则》第268条
《公安机关办理刑事案件程序规定》第49条
《最高人民法院关于适用〈中华人民共和国刑事诉讼法〉的解释》第44条

第三十一条　【民事和行政法律援助事项范围】下列事项的当事人，因经济困难没有委托代理人的，可以向法律援助机构申请法律援助：

（一）依法请求国家赔偿；

> （二）请求给予社会保险待遇或者社会救助；
> （三）请求发给抚恤金；
> （四）请求给付赡养费、抚养费、扶养费；
> （五）请求确认劳动关系或者支付劳动报酬；
> （六）请求认定公民无民事行为能力或者限制民事行为能力；
> （七）请求工伤事故、交通事故、食品药品安全事故、医疗事故人身损害赔偿；
> （八）请求环境污染、生态破坏损害赔偿；
> （九）法律、法规、规章规定的其他情形。

条文注释

本条是关于民事和行政法律援助事项范围的规定。

依据本条规定申请法律援助，应当具备三个条件：(1)经济困难。(2)没有委托代理人。(3)具体事项类型符合法定的范围。

本条规定的法律援助事项，既包括诉讼案件，也包括行政复议、仲裁等非诉讼案件。具体事项包括：

(1)依法请求国家赔偿。《国家赔偿法》规定了能够请求国家赔偿的途径，包括向赔偿义务机关提出、申请复议、提起诉讼等；在这些程序中，当事人可依法申请法律援助。

(2)请求给予社会保险待遇或者社会救助。社会保险待遇是指参加社会保险的个人，在符合法定条件时要求社会保险经办机构给付相关费用等待遇。社会保险待遇包括基本养老保险、基本医疗保险、工伤保险、失业保险和生育保险等领域的保险待遇。社会救助是指国家对生活困难等人员给予的相关帮助，以保障其基本生活。社会救助包括最低生活保障、特困人员供养、受灾人员救助、医疗救助、教育救助、住房救助、就业救助、临时救助等。

（3）请求发给抚恤金。抚恤金是根据国家相关规定,由国家机关、企事业单位、集体经济组织对特定人群发给的费用。相关规定有《军人抚恤优待条例》《伤残抚恤管理办法》《民政部关于国家机关工作人员伤亡抚恤工作有关问题的通知》等。

（4）请求给付赡养费、抚养费、扶养费。《民法典》对赡养费、抚养费、扶养费问题作了规定。父母不履行抚养义务的,未成年子女或者不能独立生活的成年子女,有要求父母给付抚养费的权利。成年子女不履行赡养义务的,缺乏劳动能力或者生活困难的父母,有要求成年子女给付赡养费的权利。夫妻有相互扶养的义务,需要扶养的一方,在另一方不履行扶养义务时,有要求其给付扶养费的权利。依法负担被监护人抚养费、赡养费、扶养费的父母、子女、配偶等,被人民法院撤销监护人资格后,应当继续履行负担的义务。

（5）请求确认劳动关系或者支付劳动报酬。请求确认劳动关系是劳动者请求仲裁机构、人民法院等确认其与用人单位之间存在劳动关系。获取劳动报酬是劳动者的重要权利,《劳动法》《劳动合同法》都对此作了明确规定,用人单位应当按照劳动合同约定和国家规定,向劳动者及时足额支付劳动报酬。

（6）请求认定公民无民事行为能力或者限制民事行为能力。《民法典》对无民事行为能力人或者限制民事行为能力人的范围作了界定。认定行为能力的案件,分为两类:一是申请将一个人认定为限制民事行为能力人或者无民事行为能力人。二是将已经被认定为无民事行为能力的人,申请认定为限制民事行为能力人或者完全民事行为能力人;将已经被认定为限制民事行为能力的人,申请认定为完全民事行为能力人。

（7）请求工伤事故、交通事故、食品药品安全事故、医疗事故人身损害赔偿。

（8）请求环境污染、生态破坏损害赔偿。环境污染主要是指向环境排放物质等超出了环境自净能力导致的环境质量降低,包括水污染、大气污染、噪声污染、固体废弃物污染等。生态破坏是指对自然资源的不合理利用等行为导致对生态平衡等的破坏。

(9)法律、法规、规章规定的其他情形。此项为兜底性条款。

关联法规

《水污染防治法》第99条

《最高人民法院关于对经济确有困难的当事人提供司法救助的规定》第3条

《乡镇法律服务收费管理办法》第18条

第三十二条 【不受经济困难条件限制的情形】有下列情形之一,当事人申请法律援助的,不受经济困难条件的限制:

(一)英雄烈士近亲属为维护英雄烈士的人格权益;

(二)因见义勇为行为主张相关民事权益;

(三)再审改判无罪请求国家赔偿;

(四)遭受虐待、遗弃或者家庭暴力的受害人主张相关权益;

(五)法律、法规、规章规定的其他情形。

条文注释

本条是关于不受申请人经济困难条件限制的法律援助案件范围的规定。

根据本条规定,有下列情形之一,当事人申请法律援助的,不受经济困难条件的限制:

(1)英雄烈士近亲属为维护英雄烈士的人格权益。根据《英雄烈士保护法》的规定,对侵害英雄烈士的姓名、肖像、名誉、荣誉的行为,英雄烈士的近亲属可以依法向人民法院提起诉讼,法律援助机构应当依法提供法律援助服务。

（2）因见义勇为行为主张相关民事权益。见义勇为既是中华民族的传统美德，也是社会主义核心价值体系的重要组成部分，对发展社会主义先进文化、构建和谐社会具有积极促进作用。见义勇为人员因实施见义勇为行为导致自身权益受到侵害，主张损害赔偿等民事权益的，根据本法规定，申请法律援助时不受经济困难条件的限制。

（3）再审改判无罪请求国家赔偿。根据《国家赔偿法》第17、18条的规定，依照审判监督程序再审改判无罪，原判刑罚已经执行或者原判罚金、没收财产已经执行的，受害人有取得国家赔偿的权利。再审改判无罪的当事人请求国家赔偿的，不受经济困难条件限制，给予其法律援助，有利于帮助其更好地维护自身合法权益，恢复正常的社会生活。

（4）遭受虐待、遗弃或者家庭暴力的受害人主张相关权益。《民法典》《未成年人保护法》《老年人权益保障法》等许多法律规定了禁止虐待、遗弃。虐待主要有两类：一是家庭成员之间的虐待。二是未成年人、老年人、精神病人、残疾人等特殊群体的照护机构，对被照护者的虐待。

（5）法律、法规、规章规定的其他情形。此项为兜底性条款。

关联法规

《英雄烈士保护法》第25条

《军人地位和权益保障法》第61条

《反家庭暴力法》第19条

第三十三条 【再审案件法律援助】当事人不服司法机关生效裁判或者决定提出申诉或者申请再审，人民法院决定、裁定再审或者人民检察院提出抗诉，因经济困难没有委托辩护人或者诉讼代理人的，本人及其近亲属可以向法律援助机构申请法律援助。

条文注释

本条是关于再审案件法律援助的规定。

再审案件是指对已经发生法律效力的人民法院的判决、裁定等法律文书,依照法定程序由人民法院进行重新审理的案件。再审案件包括民事、行政、刑事等方面的案件。

再审案件的当事人要获得法律援助,应当符合经济困难这一条件。法律援助的申请主体包括本人及其近亲属。许多再审案件的当事人,特别是刑事再审案件的当事人,由于被限制人身自由等,不便于自己申请再审,而是委托近亲属办理申请再审的相关手续。因此,本条规定再审案件当事人的近亲属也可以作为法律援助案件的申请人。

关联法规

《刑事诉讼法》第35、254条

《民事诉讼法》第210、211条

《民法典》第1045条

《行政诉讼法》第90、91条

《最高人民法院关于适用〈中华人民共和国行政诉讼法〉的解释》第14条

第三十四条 【经济困难标准】 经济困难的标准,由省、自治区、直辖市人民政府根据本行政区域经济发展状况和法律援助工作需要确定,并实行动态调整。

关联法规

《办理法律援助案件程序规定》第11、18条

《最高人民法院、最高人民检察院、公安部、司法部关于刑事诉讼法律援助工作的规定》第4条

《最高人民法院、司法部关于民事诉讼法律援助工作的规定》第3条

第四章 程序和实施

第三十五条 【法律援助及时告知义务】人民法院、人民检察院、公安机关和有关部门在办理案件或者相关事务中,应当及时告知有关当事人有权依法申请法律援助。

条文注释

本条是关于有关单位和部门告知当事人申请法律援助的规定。

本条规定了人民法院、人民检察院、公安机关和有关部门的告知义务。告知义务主体包括人民法院、人民检察院、公安机关和有关部门。其中,有关部门是指政府有关部门,包括司法行政部门、行政复议机关以及其他在履行职责过程中涉及当事人申请法律援助事项的部门。

告知可以采取口头或者书面方式,告知的内容应当易于被告知人理解。口头告知的,应当制作笔录,由被告知人签名;书面告知的,应当将送达回执入卷。对于被告知人当场表达申请法律援助意愿的,应当记录在案。

关联法规

《刑事诉讼法》第35、304条

《最高人民法院关于适用〈中华人民共和国刑事诉讼法〉的解释》第44条

《未成年人刑事检察工作指引(试行)》第75条

《法律援助法实施工作办法》第9、10条

《最高人民法院、最高人民检察院、公安部、司法部关于依法惩治性侵害未成年人犯罪的意见》第15条

《最高人民法院、最高人民检察院、公安部、司法部关于刑

事诉讼法律援助工作的规定》第 5 条

《最高人民法院、司法部关于开展刑事案件律师辩护全覆盖试点工作的办法》第 2 条

> **第三十六条　【刑事案件法律援助的通知指派程序】**人民法院、人民检察院、公安机关办理刑事案件，发现有本法第二十五条第一款、第二十八条规定情形的，应当在三日内通知法律援助机构指派律师。法律援助机构收到通知后，应当在三日内指派律师并通知人民法院、人民检察院、公安机关。

条文注释

本条是关于刑事案件中司法机关通知指派律师相关程序的规定。

本条中"三日内"的起算点是法律援助机构收到人民法院、人民检察院、公安机关的通知之日。法律援助机构应当在 3 日内确定好提供法律援助服务的律师，并将这一情况通知人民法院、人民检察院、公安机关，确保法律援助工作及时顺利开展。

关联法规

《刑事诉讼法》第 34 条

《最高人民法院关于适用〈中华人民共和国刑事诉讼法〉的解释》第 44 条

《人民检察院刑事诉讼规则》第 42 条

《最高人民法院、司法部关于开展刑事案件律师辩护全覆盖试点工作的办法》第 2 条

《最高人民法院、最高人民检察院、公安部、司法部关于刑事诉讼法律援助工作的规定》第 9、12 条

第三十七条 【公检法机关保障值班律师依法提供法律援助】人民法院、人民检察院、公安机关应当保障值班律师依法提供法律帮助,告知没有辩护人的犯罪嫌疑人、被告人有权约见值班律师,并依法为值班律师了解案件有关情况、阅卷、会见等提供便利。

条文注释

本条是关于人民法院、人民检察院、公安机关保障值班律师依法提供法律援助的规定。

值班律师为犯罪嫌疑人、被告人提供法律咨询、程序选择建议、申请变更强制措施、对案件处理提出意见等法律帮助,需要通过和犯罪嫌疑人、被告人进行沟通,以及向人民法院、人民检察院、公安机关等方面了解情况。人民法院、人民检察院、公安机关应当为值班律师提供便利,确保其提供有针对性的、高质量的法律帮助。

根据《法律援助值班律师工作办法》的规定,值班律师持律师执业证或者律师工作证、法律帮助申请表或者法律帮助通知书到看守所办理法律帮助会见手续,看守所应当及时安排会见。值班律师会见犯罪嫌疑人、被告人时不被监听。看守所、人民检察院、人民法院应当为法律援助工作站提供必要办公场所和设施。有条件的人民检察院、人民法院,可以设置认罪认罚等案件专门办公区域,为值班律师设立专门会见室。

根据本条规定和其他法律等相关规定,保障犯罪嫌疑人、被告人约见值班律师的权利,应当注意:(1)告知犯罪嫌疑人、被告人有权约见值班律师时,应当及时、明确和详细告知,让犯罪嫌疑人、被告人清晰地知悉值班律师提供的法律帮助内容、约见的时间和方式等。(2)为犯罪嫌疑人、被告人申请约见值班律师提供便利,让其可以选择通过口头、书面等多种方式提出申请,在犯罪嫌疑人、被告人提出申请后,人民法院、人民检察院、公安机关应当依法及时联系安排。

关联法规

《刑事诉讼法》第36、173条

《法律援助值班律师工作办法》第2、12、26、28、31、33条

> **第三十八条 【法律援助的管辖】**对诉讼事项的法律援助,由申请人向办案机关所在地的法律援助机构提出申请;对非诉讼事项的法律援助,由申请人向争议处理机关所在地或者事由发生地的法律援助机构提出申请。

条文注释

本条是关于法律援助管辖的规定。

(1)诉讼事项法律援助的申请。诉讼事项主要可以分为民事诉讼、行政诉讼和刑事诉讼等类型。根据本条的规定,诉讼事项的法律援助向办案机关所在地的法律援助机构提出申请。在民事诉讼和行政诉讼中,办案机关所在地就是审理案件的人民法院所在地。在刑事诉讼中相对复杂,分为侦查阶段、审查起诉阶段和诉讼阶段,涉及公安机关、人民检察院和人民法院,在不同阶段申请法律援助,应根据该阶段办案机关所在地来确定法律援助机构。

(2)非诉讼事项法律援助的申请。法律援助中的非诉讼事项包括仲裁、行政复议等事项。对于仲裁或者行政复议等非诉讼事项,当事人向争议处理机关所在地或者事由发生地的法律援助机构提出申请。争议处理机关是指处理该事项争议的机关,如仲裁中的仲裁委员会、行政复议程序中的行政复议机关等。事由发生地是指需要处理的事项本身的发生地,如劳动争议纠纷中劳动争议发生地、国家损害赔偿事项中当事人人身或财产受损害的发生地等。

关联法规

《刑事诉讼法》第 19~28 条
《民事诉讼法》第 18~39 条
《行政诉讼法》第 14~24 条

第三十九条　【转交法律援助申请的程序】被羁押的犯罪嫌疑人、被告人、服刑人员,以及强制隔离戒毒人员等提出法律援助申请的,办案机关、监管场所应当在二十四小时内将申请转交法律援助机构。

犯罪嫌疑人、被告人通过值班律师提出代理、刑事辩护等法律援助申请的,值班律师应当在二十四小时内将申请转交法律援助机构。

条文注释

本条是关于转交法律援助申请的程序的规定。

本条第 1 款规定了办案机关、监管场所转交申请的时限。本款中的强制隔离戒毒人员是指在强制隔离戒毒场所进行戒毒的人员。强制隔离戒毒是公安机关依法实施的,对通过社区戒毒难以戒除毒瘾的人员,在一定时期内,适度限制其人身自由以进行生理脱毒、心理矫治、适度劳动、身体康复和法律道德教育的行政强制措施。

被羁押的犯罪嫌疑人、被告人、服刑人员,强制隔离戒毒人员可以通过近亲属申请法律援助,也可以自己申请法律援助。上述人员自己申请法律援助的,通常情况下首先将该意愿告诉办案机关、监管场所,办案机关、监管场所应当为其申请法律援助提供便利,如为其提出申请提供记录方式等。在上述人员将申请提交给办案机关、监管场所后,办案机关、监管场所应当在 24 小时内将申请转交给法律援助机构。

本条第 2 款规定了值班律师转交申请的时限。即犯罪嫌疑人、被告人通过值班律师提出代理、刑事辩护等法律援助申请的,值班律师应当在24小时内将申请转交法律援助机构。

关联法规

《禁毒法》第38条

《办理法律援助案件程序规定》第12、20条

《法律援助值班律师工作办法》第2、6条

《最高人民法院、最高人民检察院、公安部、司法部关于刑事诉讼法律援助工作的规定》第7条

《人民检察院刑事诉讼规则》第43条

第四十条　【代为提出法律援助申请】无民事行为能力人或者限制民事行为能力人需要法律援助的,可以由其法定代理人代为提出申请。法定代理人侵犯无民事行为能力人、限制民事行为能力人合法权益的,其他法定代理人或者近亲属可以代为提出法律援助申请。

被羁押的犯罪嫌疑人、被告人、服刑人员,以及强制隔离戒毒人员,可以由其法定代理人或者近亲属代为提出法律援助申请。

条文注释

本条是关于无民事行为能力人、限制民事行为能力人及被羁押的犯罪嫌疑人、被告人、服刑人员、强制隔离戒毒人员,由有关人员代为申请法律援助的规定。

本条第1款是关于无民事行为能力人或者限制民事行为能力人申请法律援助的规定。根据《民法典》的规定,无民事行为能力人一般包括:(1)不满8周岁的未成年人;(2)不能辨认自己行为的成年人;(3)8周岁以上不能辨认自己行为的未成年人。限制民事行为能力人一般包括:(1)8周岁以上的未成年人;(2)不能完全辨认自己行为的成年人。本条明确规定法定

代理人侵犯无民事行为能力人、限制民事行为能力人合法权益的,其他法定代理人或者近亲属可以代为提出法律援助申请。因此,当无民事行为能力人或限制民事行为能力人与其法定代理人之间发生诉讼或者其他利益纠纷需要法律援助时,与该争议事项无利害关系的其他法定代理人或者近亲属也可以代无民事行为能力人或限制民事行为能力人提出法律援助申请。

本条第2款是关于被羁押的犯罪嫌疑人、被告人、服刑人员以及强制隔离戒毒人员申请法律援助的规定。犯罪嫌疑人、被告人、服刑人员、强制隔离戒毒人员在羁押场所被羁押期间,其人身自由被限制或者被剥夺,有权依照本法申请法律援助。如果上述人员提交申请不方便,或者由于自暴自弃等原因未提出法律援助申请,依据本条第2款的规定,他们的法定代理人或者近亲属可以代其提出申请。

另外,关于近亲属的范围,根据《民法典》的规定,配偶、父母、子女、兄弟姐妹、祖父母、外祖父母、孙子女、外孙子女为近亲属。根据《刑事诉讼法》的规定,夫、妻、父、母、子、女、同胞兄弟姊妹是近亲属。

关联法规

《民法典》第19~23、28、1045条

《刑事诉讼法》第108条

第四十一条 【经济困难状况核查】因经济困难申请法律援助的,申请人应当如实说明经济困难状况。

法律援助机构核查申请人的经济困难状况,可以通过信息共享查询,或者由申请人进行个人诚信承诺。

法律援助机构开展核查工作,有关部门、单位、村民委员会、居民委员会和个人应当予以配合。

条文注释

本条是关于法律援助申请人经济困难状况核查的规定。

本条第1款是关于申请人应当如实说明经济困难状况的规定。

法律援助的主要功能之一是为因经济困难而无力承担法律服务费用的公民无偿提供及时有效的法律帮助，使其获得平等的法律救济机会，从而实现我国《宪法》规定的"公民在法律面前一律平等"原则要求，保障社会公平正义。申请人需要对其以及与其共同生活的家庭成员的上述家庭经济情况进行如实说明，法律援助机构才能尽快做出准确的判断。

本条第2款是关于法律援助机构进行经济困难状况核查的规定。法律援助机构进行经济困难状况核查应当严格执行当地法律援助经济困难标准。经核查，如果申请人家庭经济状况不低于当地确定的法律援助经济困难标准，即使有充分理由证明自己为保障合法权益需要法律帮助，除非属于法律、法规、规章规定的应予以法律援助的特殊案件情形，否则一般不能被准予获得法律援助，而需要通过支付相关费用获取法律服务。根据本款规定，法律援助机构对申请人经济困难状况的核查方式包括：（1）通过信息共享查询；（2）由申请人进行个人诚信承诺。

本条第3款是关于法律援助机构开展核查工作有关方面应当予以配合的规定。法律援助机构开展申请人经济困难状况核查，一般通过本法和《国务院办公厅关于全面推行证明事项和涉企经营许可事项告知承诺制的指导意见》规定的信息共享方式，实施在线核查。相关数据尚未实现网络共享、难以通过上述方式核查的，可以请求其他行政机关协助核查。被请求协助的行政机关应当及时履行协助义务，不得推诿或者拒绝；确有原因不能提供协助的，应当书面告知请求协助的行政机关并说明理由。法律援助机构也可以根据掌握的信息线索向其他相关部门、单位、申请人住所地的村民委员会或者居民委员会以及申请人的其他家庭成员或者其他相关个人,了解与经济困难状况核查相关的必要信息,有关部门、单位、村民委员会、居民委员会和个人应当予以配合。

关联法规

《办理法律援助案件程序规定》第11、14、15、18条
《工会法律援助办法》第12~14条

> **第四十二条 【免予核查经济困难状况的人员】**法律援助申请人有材料证明属于下列人员之一的,免予核查经济困难状况:
> (一)无固定生活来源的未成年人、老年人、残疾人等特定群体;
> (二)社会救助、司法救助或者优抚对象;
> (三)申请支付劳动报酬或者请求工伤事故人身损害赔偿的进城务工人员;
> (四)法律、法规、规章规定的其他人员。

条文注释

本条是关于免予核查经济困难状况人员范围的规定。

根据本条规定,法律援助申请人有材料证明属于下列人员之一的,免予核查经济困难状况:

(1)无固定生活来源的未成年人、老年人、残疾人等特定群体。主要是指城市"三无"人员和农村"五保"供养人员等城乡特困人员,包括经县级民政部门或者乡镇人民政府、街道办事处审核确认,符合无劳动能力、无生活来源且无法定赡养、抚养、扶养义务人,或者其法定赡养、抚养、扶养义务人无赡养、抚养、扶养能力的老年人、残疾人以及未成年人。

(2)社会救助、司法救助或者优抚对象。具体包括:①社会

救助对象。主要包括下列家庭或者人员:最低生活保障家庭;特困供养人员;受灾人员;临时遇困家庭或者人员;支出型贫困家庭;生活无着的流浪乞讨人员;需要急救,但身份不明或者无力支付费用的人员;低收入家庭;省、自治区、直辖市人民政府确定的其他特殊困难家庭或者人员。②司法救助的对象。《中共中央政法委员会、财政部、最高人民法院、最高人民检察院、公安部、司法部关于建立完善国家司法救助制度的意见(试行)》中对司法救助对象作了详细规定。③社会优抚的对象主要包括:现役军人、伤残军人、退役军人、国家机关伤残人员、革命烈士家属、因公牺牲军人家属、病故军人家属、现役军人家属等。

(3)申请支付劳动报酬或者请求工伤事故人身损害赔偿的进城务工人员。进城务工人员一般也称农民工,是指户籍地在农村,进入城区务工,在当地或者异地从事非农产业劳动6个月及以上,常住地在城区,以非农业收入为主要收入的劳动者。根据《保障农民工工资支付条例》第45条第1款的规定,司法行政部门和法律援助机构应当将农民工列为法律援助的重点对象,并依法为请求支付工资的农民工提供便捷的法律援助。

(4)法律、法规、规章规定的其他人员。本项为兜底性条款。

关联法规

《未成年人保护法》第2、104条

《老年人权益保障法》第2、3、56条

《残疾人保障法》第2、48、60条

《妇女权益保障法》第72条

《军人地位和权益保障法》第61条

《英雄烈士保护法》第25条

《退役军人保障法》第70条

《保障农民工工资支付条例》第45条

《军人抚恤优待条例》第 2、38 条
《办理法律援助案件程序规定》第 14、42 条
《法律援助法实施工作办法》第 15 条
《军人军属法律援助工作实施办法》

> **第四十三条　【审查法律援助申请】**法律援助机构应当自收到法律援助申请之日起七日内进行审查,作出是否给予法律援助的决定。决定给予法律援助的,应当自作出决定之日起三日内指派法律援助人员为受援人提供法律援助;决定不给予法律援助的,应当书面告知申请人,并说明理由。
>
> 申请人提交的申请材料不齐全的,法律援助机构应当一次性告知申请人需要补充的材料或者要求申请人作出说明。申请人未按要求补充材料或者作出说明的,视为撤回申请。

条文注释

本条是关于审查法律援助申请的规定。

本条第 1 款是关于法律援助申请审查的程序和时限的规定。申请人依照本法规定向法律援助机构提出法律援助申请。法律援助机构在收到法律援助申请材料后,应当及时启动内部审查程序:审查法律援助申请材料的内容、申请人的身份证件、相关证明材料和所申请法律援助事项有关案件材料等,并在收到申请的 7 日内作出是否受理的决定,同时自决定作出之日起 3 日内指派法律援助人员为受援人提供法律援助。法律援助机构对法律援助申请进行审查,是确保法律援助工作正常进行的重要环节。做好这一工作,可以为顺利地开展法律援助活动创造有利条件,保障法律援助申请人依法行使自己的权利,保证合法权益不遭受侵害,以及让更多急需法律帮助的困难群众及时获得平等的法律救济机会。

本条第 2 款是关于申请人提交的申请材料不齐全应如何处

理的规定。根据本款的规定,法律援助机构应当本着便利申请人的原则一次性告知申请材料不齐全的申请人所需全部补充材料,或者由申请人作出说明。申请人按照要求补充材料或者作出说明后,法律援助机构应当依法提供法律援助。根据《办理法律援助案件程序规定》的规定,申请人补充材料、作出说明所需的时间不计入审查期限。但是,申请人未按照要求作出补充或者说明的,视为申请人撤回了法律援助申请。

关联法规

《办理法律援助案件程序规定》第13、17条

《法律援助法实施工作办法》第16条

《最高人民法院、最高人民检察院、公安部、司法部关于刑事诉讼法律援助工作的规定》第8、23条

《最高人民法院、司法部关于民事诉讼法律援助工作的规定》第4条

第四十四条 【先行提供法律援助的情形】法律援助机构收到法律援助申请后,发现有下列情形之一的,可以决定先行提供法律援助:

(一)距法定时效或者期限届满不足七日,需要及时提起诉讼或者申请仲裁、行政复议;

(二)需要立即申请财产保全、证据保全或者先予执行;

(三)法律、法规、规章规定的其他情形。

法律援助机构先行提供法律援助的,受援人应当及时补办有关手续,补充有关材料。

条文注释

本条是关于先行提供法律援助情形的规定。

根据本法第1款的规定,法律援助机构收到法律援助申请后,发现有下列情形之一的,可以决定先行提供法律援助:

(1)距法定时效或者期限届满不足7日,需要及时提起诉讼或者申请仲裁、行政复议。此处法定时效或者法定期限,是指法律规定的当事人在权利遭受侵害时,能够提起诉讼或者申请仲裁、行政复议,请求获得法律保护的期间。在该法定期间内,当事人有权依法提起诉讼或者申请仲裁、行政复议,获得法律救济。如果当事人在该法定期间内未行使提起诉讼或者申请仲裁、行政复议的权利,当时效或者期限届满后,再诉诸人民法院、仲裁委员会或者行政复议机关的,法律对相关实体权利将不再予以救济。本项主要是指有关法律规定的当事人向人民法院提起刑事诉讼、民事诉讼或者行政诉讼,向仲裁委员会申请调解仲裁,向行政复议机关申请行政复议的时效或者期限。

(2)需要立即申请财产保全、证据保全或者先予执行。财产保全,是指人民法院在利害关系人起诉前或者当事人起诉后,为防止当事人在人民法院作出判决前处分有争议标的物或者处分判决生效后用以执行的财产,防止纠纷扩大,并保障将来的生效判决能够得到执行或者避免财产遭受损失,对当事人的财产或者争议的标的物,采取限制当事人处分的强制措施。证据保全,是指在证据有可能毁损、灭失或以后难以取得的情况下,人民法院采取措施对证据进行保护,以保证其证明力的一项措施。先予执行,是指人民法院在受理案件后终审判决作出之前,根据一方当事人的申请,裁定对方当事人向申请一方当事人给付一定数额的金钱或其他财物,或者实施或停止某种行为,并立即付诸执行的一种程序。

(3)法律、法规、规章规定的其他情形。此项为兜底性条款。

本条第2款规定,法律援助机构先行提供法律援助的,受援人应当及时补办有关手续,补充有关材料。根据《办理法律援助案件程序规定》的规定,先行提供法律援助的,受援人应当在法律援助机构要求的期限内补办相关手续、补交规定的申请材料。受援人存在不符合法律援助条件的,法律援助机构决定终止法律援助的,应当制作终止法律援助决定书,并于3日内发送受援人,通知法律援助人员所属单位并函告办案机关。

关联法规

《办理法律援助案件程序规定》第21条

> **第四十五条　【特定群体法律援助服务】**法律援助机构为老年人、残疾人提供法律援助服务的,应当根据实际情况提供无障碍设施设备和服务。
>
> 法律法规对向特定群体提供法律援助有其他特别规定的,依照其规定。

条文注释

本条是关于向特定群体提供法律援助服务的规定。

本条第1款规定,法律援助机构为老年人、残疾人提供法律援助服务的,应当根据实际情况提供无障碍设施设备和服务。我国《残疾人保障法》《老年人权益保障法》《无障碍环境建设条例》等法律法规为了保障残疾人、老年人等特殊群体平等地参与社会生活,对无障碍环境建设作了规定。法律援助机构应当根据实际情况提供的无障碍设施设备和服务主要有:第一,提供方便残疾人、老年人通行和使用的无障碍设施设备。如出入口、地面、电梯、扶手、厕位、房门、柜台等应当方便残疾人、老年人及其轮椅通行和使用;专门设置服务于老年人、残疾人等特殊群体的无障碍导办台或者无障碍服务窗口等。第二,提供无障碍信息传播与交流,即信息无障碍。法律援助机构应当采取措施,为残疾人、老年人获取并利用法律援助公共信息提供便利,发布与残疾人、老年人相关的信息,应当创造条件尽量提供语音播报、文字提示等信息交流服务。第三,提供无障碍政务服务。法律援助机构应当为残疾人、老年人等社会成员提供必要的无障碍服务,并优先办理相关事项,如为残疾人、老年人提供轮椅、语音文字导览或者手语翻译等无障碍服务。

本条第2款规定,法律法规对向特定群体提供法律援助有其他特别规定的,依照其规定。本款的规定符合《立法法》第103条规定的"特别法优先于一般法"原则,为解决特别法与本法之间的规范冲突问题提供了基本准则,即特别法优于一般法。

关联法规

《老年人权益保障法》第56条

《残疾人保障法》第60条

《无障碍环境建设条例》第24条

> **第四十六条　【法律援助人员相关义务】**法律援助人员接受指派后,无正当理由不得拒绝、拖延或者终止提供法律援助服务。
>
> 法律援助人员应当按照规定向受援人通报法律援助事项办理情况,不得损害受援人合法权益。

条文注释

本条是关于法律援助人员相关义务的规定。

本条第1款规定,法律援助人员接受指派后,无正当理由不得拒绝、拖延或者终止提供法律援助服务。即法律援助工作人员接受法律援助机构的指派后,应当依照有关法律法规和规章的规定,尽职尽责地为受援人提供法律服务,办理法律事务,维护受援人的合法权益,不得随意拒绝指派;也不得在接受指派后,拖延办理相关法律援助事务,不及时为受援人提供法律帮助;不得在接受指派后,没有合法原因或者其他合理理由时,擅自终止向受援人提供法律援助服务。

本条第2款规定,法律援助人员应当按照规定向受援人通报法律援助事项办理情况,不得损害受援人合法权益。根据

《办理法律援助案件程序规定》,法律援助人员可以帮助受援人通过和解、调解及其他非诉讼方式解决纠纷,依法最大限度地维护受援人合法权益。法律援助人员应当及时向受援人通报案件的上述办理情况,答复受援人询问,并制作通报情况记录。

关联法规

《办理法律援助案件程序规定》第32~35条

《最高人民法院、司法部关于民事诉讼法律援助工作的规定》第13条

《最高人民法院、最高人民检察院、公安部、司法部关于刑事诉讼法律援助工作的规定》第25条

第四十七条 【受援人的义务】受援人应当向法律援助人员如实陈述与法律援助事项有关的情况,及时提供证据材料,协助、配合办理法律援助事项。

条文注释

本条是关于法律援助受援人的义务的规定。

根据本条规定,法律援助受援人的义务主要包括以下几个方面:

(1)应当向法律援助人员如实陈述与法律援助事项有关的情况。法律援助工作开展过程中,受援人如实陈述相关情况,是法律援助人员了解案件情况、依法开展法律援助工作的前提。若受援人故意隐瞒与案件有关的重要事实,不如实陈述案件事实及相关情况,将会影响法律援助人员对案件作出全面、正确的判断,也会对法律援助的社会声誉产生不利影响。受援人如果故意隐瞒与案件有关的重要事实,法律援助人员可基于本法第46条第1款和第48条的规定,拒绝或者终止提供法律援助服务。

(2)应当及时提供真实、合法的证据材料。证据材料既是当事人进行诉讼的必备要件,也是维护自身合法权益的有力工

具。在法律援助工作开展过程中,受援人理所应当要履行如实提供案件相关证据及有关材料的义务,便于法律援助人员从中推断案件事实,更好地维护受援人的合法权益。

（3）应当协助、配合法律援助人员办理法律援助事项。法律援助工作的顺利开展,离不开受援人的协助、配合。在法律援助工作开展过程中,受援人应当主动积极向法律援助人员提供案件线索,协助法律援助人员调查取证,了解案件事实,为维护受援人的合法权益打下良好基础。

关联法规

《办理法律援助案件程序规定》第11条

第四十八条 【终止法律援助的情形】有下列情形之一的,法律援助机构应当作出终止法律援助的决定：

（一）受援人以欺骗或者其他不正当手段获得法律援助；

（二）受援人故意隐瞒与案件有关的重要事实或者提供虚假证据；

（三）受援人利用法律援助从事违法活动；

（四）受援人的经济状况发生变化,不再符合法律援助条件；

（五）案件终止审理或者已经被撤销；

（六）受援人自行委托律师或者其他代理人；

（七）受援人有正当理由要求终止法律援助；

（八）法律法规规定的其他情形。

法律援助人员发现有前款规定情形的,应当及时向法律援助机构报告。

条文注释

本条是关于法律援助终止情形的规定。

本条第1款规定了法律援助机构应当作出终止法律援助决定的情形,具体如下:

(1)受援人以欺骗或者其他不正当手段获得法律援助的。需要注意的是:第一,法律援助是维护社会公平正义的方式,如果以欺骗或者其他不正当手段获取法律援助,那么从本质上损害了法律援助所维护的公平正义;第二,法律援助的初衷之一,是让经济困难的当事人或者其他社会弱势群体的维权渠道更畅通,如果受援人利用假证明、假材料或者其他不正当手段骗取法律援助,就会浪费法律援助资源,挤压弱势群体获得法律援助的空间。

(2)受援人故意隐瞒与案件有关的重要事实或者提供虚假证据的。法律援助保护的是公平正义,获得法律援助的方式同样需要具有合法性。受援人故意隐瞒与案件有关的重要事实或者提供虚假证据,是对法律援助合法性的损害。另外,受援人故意隐瞒与案件有关的重要事实或者提供虚假证据,既妨碍了案件的审理,也损害了司法权威和司法公信力。根据《民事诉讼法》第114条第1款第1项的规定,伪造、毁灭重要证据,妨碍人民法院审理案件的,人民法院可以根据情节轻重予以罚款、拘留;构成犯罪的,依法追究刑事责任。

(3)受援人利用法律援助从事违法活动的。法律援助工作具有服务保障和改善民生、维护社会公平正义、促进社会和谐稳定的职能,如果受援人利用法律援助从事违法活动,那么法律援助对于促进社会和谐稳定的职能将受到破坏。

(4)受援人的经济状况发生变化,不再符合法律援助条件的。这一规定和法律援助的内容、目的密切相关。法律援助是国家建立的为经济困难公民和符合法定条件的其他当事人无偿提供法律咨询、代理、刑事辩护等法律服务的制度,是公共法律服务体系的组成部分。法律援助工作的目的之一,就是保护经济困难群众的合法权益。在法律援助的申请条件中，一个重要考察内容就是受援人的经济状况。如果受援人经济状况改善，就说明受援人不属于经济困难的群众，那么法律援助应当终止。

（5）案件终止审理或者已经被撤销的。案件终止审理是指人民法院在审判案件过程中遇有法定情形，导致审判不应当或者不需要继续进行，继而终结案件的诉讼活动。案件被撤销是指公安机关、人民检察院等对已经立案的案件经过侦查认为不构成犯罪，或者依法不应当追究刑事责任的，应当作出撤销案件的决定，即案件不成立。不论是案件终止审理还是案件已经被撤销，都表明法律援助继续展开的客观条件已经结束，法律援助应当终止。

（6）受援人自行委托律师或者其他代理人的。如果受援人自行委托律师或者其他代理人，至少具有以下可能：其一，受援人的经济状况发生了变化，那么受援人的情况就不符合法律援助的范围；其二，受援人对法律援助机构指派的律师不满，那么法律同样尊重和保护受援人自行委托律师和其他代理人的权利。所以受援人如果自行委托律师或者其他代理人，法律援助应当终止。

（7）受援人有正当理由要求终止法律援助的。受援人要求终止法律援助的权利应该得到合法保护。但是，如果受援人无正当理由要求终止法律援助，法律援助不应当终止。

（8）法律法规规定的其他情形。本项是一项兜底性规定。

本条第2款是关于法律援助人员发现有应当终止法律援助情形的，应当及时向法律援助机构报告的规定。本款是法律援助人员的义务。如果法律援助人员发现实践中存在应当终止法律援助情形，应当及时向法律援助机构报告，以避免产生进一步的负面影响。如果法律援助人员知道应当终止法律援助的情形但没有及时报告，法律援助人员应承担相应责任。如果法律援助人员存在收取案件当事人费用后,隐瞒事实,骗取法律援助案件补贴,可根据《刑法》第382条对法律援助人员追究相应刑事责任。

关联法规

《民事诉讼法》第117条

《刑事诉讼法》第16、44条

《刑法》第306条

《办理法律援助案件程序规定》第39、40条

《法律援助法实施工作办法》第22条

《最高人民法院、司法部关于民事诉讼法律援助工作的规定》第12条

《最高人民法院、最高人民检察院、公安部、司法部关于刑事诉讼法律援助工作的规定》第22条

第四十九条 【不服法律援助机构决定的救济】申请人、受援人对法律援助机构不予法律援助、终止法律援助的决定有异议的,可以向设立该法律援助机构的司法行政部门提出。

司法行政部门应当自收到异议之日起五日内进行审查,作出维持法律援助机构决定或者责令法律援助机构改正的决定。

申请人、受援人对司法行政部门维持法律援助机构决定不服的,可以依法申请行政复议或者提起行政诉讼。

条文注释

本条是关于当事人不服法律援助机构决定的救济措施的规定。

本条第1款是关于申请人、受援人对法律援助机构不予法律援助、终止法律援助的决定有异议时的救济措施的规定。当

事人申请获得法律援助服务,应当满足法定的条件。法律援助机构作为法律援助工作的组织实施机构,法律赋予其审查当事人是否符合法定条件的权力。对于不符合法定条件的申请人,法律援助机构有权作出不予法律援助的决定(本法第48条规定了法律援助机构应当作出终止法律援助决定的情形)。同时,为了保障申请人的合法权益,避免法律援助机构不当行使审查权,本款规定申请人对法律援助机构的决定有异议的,可以向司法行政部门提出。

本条第2款是关于司法行政部门的审查时限与审查决定的规定:(1)关于审查时限。即司法行政部门应当自收到异议之日起5日内进行审查,此处的5日是"工作日"不是自然日,遇节假日应当顺延。(2)审查决定的类型。一是维持法律援助机构的决定。二是责令法律援助机构改正的决定。司法行政部门经审查认为当事人符合法律援助条件的或者不存在应当终止法律援助情形的,应当以书面形式责令法律援助机构改正,及时为该申请人、受援人提供法律援助。

本条第3款是关于申请人、受援人对司法行政部门维持法律援助机构决定不服的,可以依法申请行政复议或者提起行政诉讼的规定:(1)申请行政复议。司法行政部门作出维持决定属于具体行政行为,属于可以申请行政复议的情形。申请人、受援人对司法行政部门维持法律援助机构决定不服的,可以根据《行政复议法》第20~23条的规定申请行政复议。(2)提起行政诉讼。《行政诉讼法》第2条中规定,公民、法人或者其他组织认为行政机关和行政机关工作人员的行政行为侵犯其合法权益,有权依照该法向人民法院提起诉讼。《行政复议法》第10条规定,公民、法人或者其他组织对行政复议决定不服的,可以依照《行政诉讼法》的规定向人民法院提起行政诉讼,但是法律规定行政复议决定为最终裁决的除外。因此,当事人对司法行政部门维持法律援助机构决定不服的,可以依法提起行政诉讼。

关联法规

《最高人民法院、司法部关于民事诉讼法律援助工作的规定》第5条

《最高人民法院、最高人民检察院、公安部、司法部关于刑事诉讼法律援助工作的规定》第23条

《办理法律援助案件程序规定》第23条

> **第五十条 【法律援助人员报告与提交材料】**法律援助事项办理结束后,法律援助人员应当及时向法律援助机构报告,提交有关法律文书的副本或者复印件、办理情况报告等材料。

条文注释

本条是关于法律援助事项办结后法律援助人员后续报告与提交材料职责的规定。

本条规定的材料包括有关法律文书的副本或者复印件、办理情况报告等。法律援助人员提供的相关材料是法律援助档案的重要内容,是承载、反映和制约案件办理行为的重要凭证,也是法律援助机构了解案件情况、复查案件、开展案件质量评估的重要依据。根据《全国民事行政法律援助服务规范》的规定,承办人员自结案后应制作结案报告,填写结案报告表,撰写包含所做工作、基本案情、主要代理或答辩意见等内容的承办情况小结,并附卷归档。自案件办结之日起30日内向法律援助机构提交结案报告、承办业务卷和相关结案材料以供审查。

关联法规

《全国民事行政法律援助服务规范》(SF/T 0058—2023)

《全国刑事法律援助服务规范》(SF/T 0032—2023)

《法律援助文书格式》

第五章 保障和监督

第五十一条 【法律援助信息化建设】国家加强法律援助信息化建设,促进司法行政部门与司法机关及其他有关部门实现信息共享和工作协同。

条文注释

本条是关于法律援助信息化建设的规定。

法律援助是公共法律服务的重要组成部分;国家加强法律援助信息化建设,是适应信息化社会发展的需要,也是新时代构建公共法律服务体系、充分发挥法律援助作用的必然要求。法律援助信息化是提高法律援助管理和服务水平的重要支撑和手段。其主要功能有实现司法行政部门与司法机关及其他有关部门信息共享和工作协同,便捷服务群众,统计分析,等等。

第五十二条 【法律援助补贴】法律援助机构应当依照有关规定及时向法律援助人员支付法律援助补贴。

法律援助补贴的标准,由省、自治区、直辖市人民政府司法行政部门会同同级财政部门,根据当地经济发展水平和法律援助的服务类型、承办成本、基本劳务费用等确定,并实行动态调整。

法律援助补贴免征增值税和个人所得税。

条文注释

本条是关于法律援助补贴的规定。

本条第1款是关于法律援助机构应当依照有关规定及时向法律援助人员支付法律援助补贴的规定。法律援助补贴,是指法律援助机构按照规定支付给律师、基层法律服务工作者、法律援助志愿者等法律援助事项承办人员的费用。根据本款规定，法律援助补贴的支付主体是法律援助机构。法律援助补贴的支付对象是法律援助人员。法律援助人员包括律师、基层法律服务工作者、法律服务志愿者等。

本条第2款是关于法律援助补贴的标准的规定。即法律援助补贴的标准，由省、自治区、直辖市人民政府司法行政部门会同同级财政部门，根据当地经济发展水平和法律援助的服务类型、承办成本、基本劳务费用等确定，并实行动态调整。《司法部、财政部关于完善法律援助补贴标准的指导意见》对服务类型、承办成本、基本劳务费用等进行了明细化，可参照执行。

本条第3款是关于法律援助补贴免征增值税和个人所得税的规定。法律援助工作具有社会公益性；同样的法律服务事项，法律援助补贴的金额一般要比市场化的法律服务费用低。对法律援助补贴免征增值税和个人所得税，有利于提高法律援助人员的积极性，也是对法律援助工作公益性的尊重。

关联法规

《个人所得税法》第4条

《司法部、财政部关于完善法律援助补贴标准的指导意见》

《司法部办公厅关于加紧落实公民经济困难标准、法律援助办案补贴标准和法律援助事项补充范围的通知》

第五十三条 【对受援人和法律援助人员缓减免相关费用】人民法院应当根据情况对受援人缓收、减收或者免收诉讼费用；对法律援助人员复制相关材料等费用予以免收或者减收。

> 公证机构、司法鉴定机构应当对受援人减收或者免收公证费、鉴定费。

条文注释

本条是关于对受援人和法律援助人员缓减免法律援助相关费用的规定。

本条第1款是关于人民法院应当根据情况对受援人缓收、减收或者免收诉讼费用的规定。法律援助服务的受援人多为经济困难的公民，对其诉讼费用、公证费、鉴定费进行减免，有利于减轻受援人的经济负担，保障受援人真正享受到国家司法资源，维护受援人的合法权益。本款还规定对法律援助人员复制相关材料等费用予以减免，有利于降低法律援助人员的办案成本，节约相对有限的法律援助经费。

本条第2款是关于公证机构、司法鉴定机构应当对受援人减收或者免收公证费、鉴定费的规定。《公证法》第34条规定，当事人应当按照规定支付公证费。对符合法律援助条件的当事人，公证机构应当按照规定减免公证费。《公证程序规则》第22条第2款规定，对符合法律援助条件的当事人，公证机构应当按照规定减收或者免收公证费。《司法鉴定与法律援助工作衔接管理办法(试行)》规定了受援人申请减免司法鉴定费用的具体要求。

关联法规

《公证法》第34条

《公证程序规则》第22条

《老年人权益保障法》第56条

《最高人民法院、司法部关于民事诉讼法律援助工作的规定》

《司法鉴定与法律援助工作衔接管理办法(试行)》

第五十四条 【法律援助人员培训制度】县级以上人民政府司法行政部门应当有计划地对法律援助人员进行培训，提高法律援助人员的专业素质和服务能力。

条文注释

本条是关于司法行政部门对法律援助人员进行培训的规定。

根据本条规定，县级以上人民政府司法行政部门承担培训职责。本条规定的"县级以上人民政府司法行政部门"，包括国务院司法行政部门，省级、市级、县级人民政府司法行政部门。

法律援助人员培训制度与法律援助服务质量密切相关，法律援助人员的思想政治、业务能力、工作作风等已成为影响或者制约法律援助服务质量高低程度的重要因素。《司法部关于进一步推进法律援助工作的意见》指出，通过"加大培训力度，建立健全学习、实践和交流机制"，以不断"加强法律援助队伍思想政治、业务能力和工作作风建设"和"提高广大法律援助人员群众工作能力、维护社会公平正义能力、新媒体时代舆论引导能力、科技信息化应用能力和拒腐防变能力"。

关联法规

《未成年人保护法》第104条

《司法部关于进一步推进法律援助工作的意见》

第五十五条 【受援人相关权利】受援人有权向法律援助机构、法律援助人员了解法律援助事项办理情况；法律援助机构、法律援助人员未依法履行职责的，受援人可以向司法行政部门投诉，并可以请求法律援助机构更换法律援助人员。

条文注释

本条是关于受援人相关权利的规定。

根据本条规定,受援人的权利主要有以下几项:

(1)受援人的知情权。法律援助本质上是国家为经济困难群众无偿提供法律服务的一项法律制度,其目的是维护群众的合法权益。法律援助人员在办理案件过程中,应当根据受援人的要求,向受援人报告事项处理的进展情况、存在的问题和应对的措施等,以便受援人及时了解事项的状况,并根据最新情况及时调整相关决定。

(2)受援人的投诉权。即法律援助机构、法律援助人员未依法履行职责的,受援人可以向司法行政部门投诉。根据《法律援助投诉处理办法》的规定,可以向司法行政部门投诉的情形包括:违反规定办理法律援助受理、审查事项,或者违反规定指派、安排法律援助人员;法律援助人员接受指派或安排后,懈怠履行或者擅自停止履行法律援助职责;办理法律援助案件收取财物;其他违反法律援助管理规定的行为。

(3)受援人请求更换法律援助人员的权利。需要说明的是,法律援助机构作出指派决定,是在综合法律援助人员数量、资质、专业特长、承办法律援助案件的情况,受援人意愿等因素的基础上进行的;故受援人只有在"法律援助机构、法律援助人员未依法履行职责"的情况下,基于维护自身合法权益的目的,才能请求法律援助机构更换法律援助人员。

关联法规

《法律援助投诉处理办法》第5条

《办理法律援助案件程序规定》第37条

《最高人民法院、最高人民检察院、公安部、司法部关于刑事诉讼法律援助工作的规定》第15条

第五十六条 【投诉查处制度】司法行政部门应当建立法律援助工作投诉查处制度;接到投诉后,应当依照有关规定受理和调查处理,并及时向投诉人告知处理结果。

条文注释

本条是关于投诉查处制度的规定。

《法律援助投诉处理办法》对投诉处理的条件、程序等作了具体规定。符合规定条件的投诉,司法行政部门应当受理,向投诉人发送受理通知书,并及时调查核实。根据调查结果,作出处理决定,如对有应当给予行政处罚或者纪律处分的违法违规行为,依职权或者移送有权处理机关、单位给予行政处罚、行业惩戒或者纪律处分;对情节轻微并及时纠正,没有造成危害后果,依法不予行政处罚或者纪律处分的,应当给予批评教育、通报批评、责令限期改正等处理。

关联法规

《律师法》第 52 条

《法律援助投诉处理办法》

《基层法律服务所管理办法》第 41 条

《基层法律服务工作者管理办法》第 50 条

《律师事务所管理办法》第 64 条

第五十七条 【法律援助服务质量监督】司法行政部门应当加强对法律援助服务的监督,制定法律援助服务质量标准,通过第三方评估等方式定期进行质量考核。

条文注释

本条是关于法律援助服务质量监督的规定。

法律援助服务质量标准,是指法律援助工作的服务内容、服务程序、服务结果的质量标准体系。为规范刑事法律援助和民事行政法律援助服务的质量,司法部分别制定了《全国刑事法律援助服务规范》(SF/T 0032—2023)和《全国民事行政法律援助服务规范》(SF/T 0058—2023);这两个规范不仅是法律援助人员提供符合标准法律服务的基本指南,而且也是司法行政机关监管服务质量的重要依据。

司法行政部门应当建立第三方评估制度,定期委托社会评估机构对法律援助机构和法律援助人员服务情况开展第三方评估。社会评估机构负责组织专业评估人员,按照法律援助服务质量标准和科学方法,独立开展评估,承担评估责任,不受外部干涉。通过第三方评估,司法行政部门可以客观地了解法律援助服务状况,对考核、评估结果进行分析,对不符合要求的督促改进。

关联法规

《刑事法律援助案件质量同行评估规则》(SF/T 0086—2020)

《民事行政法律援助案件质量同行评估规则》(SF/T 0085—2020)

《办理法律援助案件程序规定》第6条

《法律援助值班律师工作办法》第31条

第五十八条 【法律援助信息公开制度】司法行政部门、法律援助机构应当建立法律援助信息公开制度,定期向社会公布法律援助资金使用、案件办理、质量考核结果等情况,接受社会监督。

条文注释

本条是关于法律援助信息公开制度的规定。

社会监督,是指依据宪法和法律赋予的权利,以法律和社会及职业道德规范为准绳,对执政党和政府的一切行为进行监督,主要有公民监督和舆论监督两种方式。公民监督主要是指公民通过批评、建议、检举、揭发、申诉、控告等基本方式对国家机关及其工作人员行使权力行为的合法性与合理性进行监督。舆论监督是指利用各种传播媒介、采取多种形式,表达和传导有一定倾向的议论、意见及看法,以实现对在政治权力运行中出现的偏差行为进行监督、矫正和制约。加强社会监督对于法律援助机构及人员履行法律援助工作职责,加强法律援助机构建设,提高法律援助服务质量和效率,推动法律援助事业发展具有重要作用。

关联法规

《政府信息公开条例》第3~7条

《中央专项彩票公益金法律援助项目实施与管理办法》第3、50条

《未成年人法律援助服务指引(试行)》第7条

第五十九条 【法律援助机构质量监督措施】法律援助机构应当综合运用庭审旁听、案卷检查、征询司法机关意见和回访受援人等措施,督促法律援助人员提升服务质量。

条文注释

本条是关于法律援助机构督促法律援助人员提升服务质量的措施的规定。

对于法律援助机构督促法律援助人员提升服务质量的措施,本条列举了四项,具体如下:

(1)庭审旁听。法律援助机构组织工作人员按照法律援助案件旁听制度的要求,对法律援助人员在案件庭审过程中的代理表现、承办态度、庭审效果等进行旁听。围绕庭前准备、对事实的掌握、对证据的分析判断和运用、对法律关系的掌握和运用、临场发挥和表达能力等方面进行总体评议。

（2）案卷检查。法律援助案卷，是指法律援助机构在开展咨询、代书、和解与调解、辩护与代理等法律援助活动中直接形成的与案件办理、质量管理、案件补贴发放及财务审计监督相关的历史记录的材料集。法律援助人员在办结法律援助案件后，应当按要求及时将案件材料送交法律援助机构办理归档手续，由其统一管理并检查。

（3）征询司法机关意见。对于法律援助人员办理案件的情况，法律援助机构应当征询人民法院、人民检察院、公安机关等办案机关的意见。

（4）回访受援人。法律援助机构可以通过电话回访、上门回访、问卷调查回访等多种方式对受援人进行回访。回访受援人的内容包括法律援助人员服务态度、法律援助服务质量、对于法律援助工作的意见和建议等。

关联法规

《工会法律援助办法》第16条

《办理法律援助案件程序规定》第6条

《法律援助值班律师工作办法》第31、32、34条

《军人军属法律援助工作实施办法》第29条

《法律援助法实施工作办法》第26条

《最高人民法院、最高人民检察院、公安部、司法部关于刑事诉讼法律援助工作的规定》第26条

《最高人民法院、司法部关于民事诉讼法律援助工作的规定》第13条

第六十条 【律师协会考核与惩戒】律师协会应当将律师事务所、律师履行法律援助义务的情况纳入年度考核内容，对拒不履行或者怠于履行法律援助义务的律师事务所、律师，依照有关规定进行惩戒。

条文注释

本条是关于律师协会对律师事务所、律师履行法律援助义务的情况进行考核,并依规进行惩戒的规定。

本条充分体现出律师协会在监督律师事务所、律师履行法律援助义务中的重要性,其作用表现为年度考核与依规惩戒。在条文的适用过程中,需要明确以下几点:

(1)律师事务所、律师履行法律援助义务的情况是律师协会开展年度考核的重要且必要的内容。根据《律师执业年度考核规则》第8条和第10条的规定,"律师履行法律援助义务"是年度考核的主要内容,同时,律师是否积极履行法律援助义务是年度考核结果判定为"称职"的标准之一。

(2)律师协会应当切实履行对律师、律师事务所实施惩戒的职责。对于律师事务所、律师拒不履行或者怠于履行法律援助义务的行为,律师协会应当根据不作为的具体情况给予相应惩戒。

关联法规

《律师法》第23、42、46、47、50条

《法律援助值班律师工作办法》第34条

《最高人民法院、最高人民检察院、公安部、司法部关于刑事诉讼法律援助工作的规定》第26条

《律师执业年度考核规则》第2、8、10条

《律师事务所年度检查考核办法》第16、18、19条

《中华全国律师协会章程》第7、12条

《律师协会会员违规行为处分规则(试行)》

第六章 法律责任

第六十一条 【法律援助机构及其工作人员法律责任】
法律援助机构及其工作人员有下列情形之一的,由设立该法律援助机构的司法行政部门责令限期改正;有违法所得的,责令退还或者没收违法所得;对直接负责的主管人员和其他直接责任人员,依法给予处分：

(一)拒绝为符合法律援助条件的人员提供法律援助,或者故意为不符合法律援助条件的人员提供法律援助;

(二)指派不符合本法规定的人员提供法律援助;

(三)收取受援人财物;

(四)从事有偿法律服务;

(五)侵占、私分、挪用法律援助经费;

(六)泄露法律援助过程中知悉的国家秘密、商业秘密和个人隐私;

(七)法律法规规定的其他情形。

条文注释

本条是关于法律援助机构及其工作人员法律责任的规定。

1. 法律援助机构及其工作人员的违法行为

根据本条规定,法律援助机构及其工作人员的违法行为主要包含以下几种情况：

(1)拒绝为符合法律援助条件的人员提供法律援助,或者故意为不符合法律援助条件的人员提供法律援助。

(2)指派不符合本法规定的人员提供法律援助。法律援助机构应该综合案件类型、法律援助人员专业特长、执业年限,受援人意愿等因素,合理指派承办机构和人员。

(3)收取受援人财物。本法第20条规定,法律援助人员应当恪守职业道德和执业纪律,不得向受援人收取任何财物。如果法律援助机构及其工作人员在办理法律援助案件中违法收取财物,不仅会损害受援人的合法权益,而且会破坏法律援助工作秩序,损害司法的公信力和公平正义。

(4)从事有偿法律服务。这里的有偿法律服务是指对其所办理的法律援助服务收取一定的费用。本法规定的法律援助服务是无偿的,法律援助机构及其工作人员收取费用违背了法律援助服务的宗旨。

(5)侵占、私分、挪用法律援助经费。侵占、私分、挪用法律援助经费均属于违法行为,应承担相应的法律责任。

(6)泄露法律援助过程中知悉的国家秘密、商业秘密和个人隐私。根据本法第21条的规定,法律援助机构、法律援助人员对提供法律援助过程中知悉的国家秘密、商业秘密和个人隐私应当予以保密。

(7)法律法规规定的其他情形。本项规定是关于法律援助机构及其工作人员违法情形的兜底条款;法律援助机构及其工作人员出现法律、法规规定的其他违法情形,也要承担相应的法律责任。

2.违法事项的法律责任

(1)责令限期改正。责令限期改正的主体是设立该法律援助机构的司法行政部门,即由司法行政部门责令有违法行为的法律援助机构及其工作人员在规定的期限内,对相应的违法行为进行整改。

(2)有违法所得的,责令退还或者没收违法所得。这里的违法所得是指法律援助机构及其工作人员因从事本条规定的违法行为所得到的不正当利益。

(3)依法给予处分。处分,是指国家机关、企事业单位依法对隶属于它的有轻微违法行为的人员的一种制裁性处理。依照《公务员法》,在法律法规授权的具有公共事务管理职能的事业单位中除工勤人员以外的工作人员,经批准参照本法进行管理。处分分为警告、记过、记大过、降级、撤职和开除六种。

关联法规

《刑法》第382、384、385条

第六十二条 【律师事务所、基层法律服务所法律责任】律师事务所、基层法律服务所有下列情形之一的,由司法行政部门依法给予处罚:

(一)无正当理由拒绝接受法律援助机构指派;

(二)接受指派后,不及时安排本所律师、基层法律服务工作者办理法律援助事项或者拒绝为本所律师、基层法律服务工作者办理法律援助事项提供支持和保障;

(三)纵容或者放任本所律师、基层法律服务工作者怠于履行法律援助义务或者擅自终止提供法律援助;

(四)法律法规规定的其他情形。

条文注释

本条是关于律师事务所、基层法律服务所的法律责任的规定。

根据本条规定,律师事务所、基层法律服务所的违法行为主要包含以下几种情况:

(1)无正当理由拒绝接受法律援助机构指派,即违反本法第12条的规定。

(2)接受指派后,不及时安排本所律师、基层法律服务工作者办理法律援助事项或者拒绝为本所律师、基层法律服务工作者办理法律援助事项提供支持和保障,即违反本法第16条的规定。

(3)纵容或者放任本所律师、基层法律服务工作者怠于履行法律援助义务或者擅自终止提供法律援助,即违反本法第46条的规定。

(4)法律法规规定的其他情形。本项规定是兜底性条款。

关联法规

《律师法》第48、50条

《律师事务所管理办法》第48条

《律师和律师事务所违法行为处罚办法》第28、31、33条

第六十三条　【律师、基层法律服务工作者责任】律师、基层法律服务工作者有下列情形之一的,由司法行政部门依法给予处罚:

(一)无正当理由拒绝履行法律援助义务或者怠于履行法律援助义务;

(二)擅自终止提供法律援助;

(三)收取受援人财物;

(四)泄露法律援助过程中知悉的国家秘密、商业秘密和个人隐私;

(五)法律法规规定的其他情形。

关联法规

《行政处罚法》

《律师法》第2~4、32、38、42、47~50条

《基层法律服务工作者管理办法》第46条

《律师和律师事务所违法行为处罚办法》第2、9条

第六十四条 【受援人以不正当手段获取法律援助的法律责任】受援人以欺骗或者其他不正当手段获得法律援助的,由司法行政部门责令其支付已实施法律援助的费用,并处三千元以下罚款。

条文注释

本条是关于受援人以不正当手段获得法律援助的法律责任的规定。

法律援助,是国家建立的为经济困难的公民和符合法定条件的其他当事人无偿提供法律咨询、代理、刑事辩护等法律服务的制度。法律援助申请人需要符合法定条件,申请的事项属于法律援助的范围。本法第25、29、31、32条规定了获得法律援助的必要条件和范围。

本条规定处罚的违法行为,主要是指受援人以欺骗或者其他不正当手段获得法律援助的行为。其中,欺骗主要是指虚构、隐瞒事实真相,提供虚假申请材料等行为;其他不正当手段是指受援人不符合上述申请法律援助的条件,以其他非法手段获得法律援助的情形。

关联法规

《基层法律服务工作者管理办法》第46条

第六十五条 【冒用法律援助名义并谋利的法律责任】违反本法规定,冒用法律援助名义提供法律服务并谋取利益的,由司法行政部门责令改正,没收违法所得,并处违法所得一倍以上三倍以下罚款。

条文注释

本条是关于冒用法律援助名义提供法律服务并谋利的法律责任的规定。

本条规定的违法行为并非以实施法律援助为主观目的,而是冒用法律援助的名义谋取利益。例如,没有取得律师执业证书的人员以律师的名义为当事人提供法律服务,没有取得基层法律服务工作者资格的人员以基层法律服务工作者的名义为当事人提供法律服务和冒用法律援助名义提供法律援助的其他情形。需要注意的是,这里的违法行为必须要谋取利益;如果仅冒用法律援助名义提供法律援助服务,但没有谋取利益,不构成本条规定的违法行为。本条规定的违法行为的主体包括个人和单位。

第六十六条 【国家机关及其工作人员渎职的处分】国家机关及其工作人员在法律援助工作中滥用职权、玩忽职守、徇私舞弊的,对直接负责的主管人员和其他直接责任人员,依法给予处分。

条文注释

本条是关于国家机关及其工作人员在法律援助工作中滥用职权、玩忽职守、徇私舞弊的法律责任的规定。

"滥用职权"是指国家机关工作人员超越职权,违法决定、处理其无权决定、处理的事项,或者违反规定处理公务的行为。"玩忽职守"是指国家机关工作人员不负责任,不履行或者不认真履行职责的行为。"徇私舞弊"是指国家机关工作人员为徇个人私情、私利,不秉公执法,置国家和人民利益于不顾的行为。

有本条规定的违法行为时,应对其直接负责的主管人员和其他直接责任人员,依法给予处分。这里的"直接负责的主管人员",是指在单位违法行为中负有直接领导责任的人员,包括违法行为的决策人,事后对单位违法行为予以认可和支持的领导人员,以及由于属于其管理或由于其放任而对单位违法行为负有不可推卸责任的领导人员。这里所说的"其他直接责任人员",是指直接实施违法行为的人员。依据《公务员法》《监察法》相关规定,处分包括警告、记过、记大过、降级、撤职、开除六种形式。

关联法规

《公职人员政务处分法》

《公务员法》第59、62条

《监察法》第11、45条

第六十七条　【法律衔接】违反本法规定,构成犯罪的,依法追究刑事责任。

条文注释

本条是关于法律衔接的规定。

本条是常用的立法习惯性表述,主要指违反了本法的规定又同时构成犯罪的,应依法追究刑事责任。刑事责任,是指行为人因实施犯罪行为,按《刑法》的规定应当追究其法律责任,包括主刑和附加刑两种刑事责任。主刑分为管制、拘役、有期徒刑、无期徒刑和死刑。附加刑分为罚金、剥夺政治权利和没收财产。

关联法规

《刑法》

《律师法》第49、56条

第七章　附　　则

第六十八条　【群团组织参照本法开展法律援助】工会、共产主义青年团、妇女联合会、残疾人联合会等群团组织开展法律援助工作,参照适用本法的相关规定。

▎条文注释

实践中,各群团组织紧密结合自身职责,发挥自身优势,体现群众特点,通过不同途径开展法律援助工作。大致可以将其分为两类:一类是与司法行政部门密切合作,由法律援助机构在基层群团组织中设置法律援助服务站点为群众提供服务,其在较大程度上是政府法律援助与群团工作的结合、延伸。另一类是群团组织利用自身资源和优势,依托自身组织体系设置法律援助服务站点,在司法行政部门的指导下提供服务。

▎关联法规

《工会法》第30条
《妇女权益保障法》第72条
《未成年人保护法》第104条
《工会法律援助办法》

第六十九条 【对外国人和无国籍人提供法律援助】对外国人和无国籍人提供法律援助,我国法律有规定的,适用法律规定;我国法律没有规定的,可以根据我国缔结或者参加的国际条约,或者按照互惠原则,参照适用本法的相关规定。

▎条文注释

本条是关于对外国人和无国籍人提供法律援助的规定。

根据本条的规定,外国人、无国籍人在我国并非当然可以获得法律援助;只有当我国国内法、我国缔结或者参照的国际条约有规定时,或者依据互惠原则,才能对其提供法律援助。由于我国目前存在与外国人、无国籍人法律援助相关的《刑事诉讼法》《民事诉讼法》,并缔结了刑事诉讼、民事领域的有关国际条约,因此在刑事诉讼和民事诉讼中存在对外国人、无国籍人提供法律援助之可能。至于在其他范围中外国人、无国籍人是否可以获得法律援助,则应根据国际条约、互惠原则进行确认。

关联法规

《刑事诉讼法》第 17 条

《最高人民法院关于适用〈中华人民共和国刑事诉讼法〉的解释》第 478 条

《民事诉讼法》第 5 条

第七十条 【军人军属法律援助办法的制定】对军人军属提供法律援助的具体办法,由国务院和中央军事委员会有关部门制定。

关联法规

《军人地位和权益保障法》第 61 条

《军人军属法律援助工作实施办法》

第七十一条 【施行日期】本法自 2022 年 1 月 1 日起施行。

附录一 相关法律规定

中华人民共和国律师法

(1996年5月15日第八届全国人民代表大会常务委员会第十九次会议通过 根据2001年12月29日第九届全国人民代表大会常务委员会第二十五次会议《关于修改〈中华人民共和国律师法〉的决定》第一次修正 2007年10月28日第十届全国人民代表大会常务委员会第三十次会议修订 根据2012年10月26日第十一届全国人民代表大会常务委员会第二十九次会议《关于修改〈中华人民共和国律师法〉的决定》第二次修正 根据2017年9月1日第十二届全国人民代表大会常务委员会第二十九次会议《关于修改〈中华人民共和国法官法〉等八部法律的决定》第三次修正)

第一章 总 则

第一条 【立法目的】为了完善律师制度,规范律师执业行为,保障律师依法执业,发挥律师在社会主义法制建设中的作用,制定本法。

第二条 【律师定义及职责】本法所称律师,是指依法取得律师执业证书,接受委托或者指定,为当事人提供法律服务的执业人员。

律师应当维护当事人合法权益,维护法律正确实施,维护社会公平和正义。

第三条 【执业根据】律师执业必须遵守宪法和法律,恪守律师职业道德和执业纪律。

律师执业必须以事实为根据,以法律为准绳。

律师执业应当接受国家、社会和当事人的监督。

律师依法执业受法律保护,任何组织和个人不得侵害律师的合法权益。

第四条　【管理部门】司法行政部门依照本法对律师、律师事务所和律师协会进行监督、指导。

第二章　律师执业许可

第五条　【执业条件】申请律师执业,应当具备下列条件:

(一)拥护中华人民共和国宪法;

(二)通过国家统一法律职业资格考试取得法律职业资格;

(三)在律师事务所实习满一年;

(四)品行良好。

实行国家统一法律职业资格考试前取得的国家统一司法考试合格证书、律师资格凭证,与国家统一法律职业资格证书具有同等效力。

第六条　【申请文件】申请律师执业,应当向设区的市级或者直辖市的区人民政府司法行政部门提出申请,并提交下列材料:

(一)国家统一法律职业资格证书;

(二)律师协会出具的申请人实习考核合格的材料;

(三)申请人的身份证明;

(四)律师事务所出具的同意接收申请人的证明。

申请兼职律师执业的,还应当提交所在单位同意申请人兼职从事律师职业的证明。

受理申请的部门应当自受理之日起二十日内予以审查,并将审查意见和全部申请材料报送省、自治区、直辖市人民政府司法行政部门。省、自治区、直辖市人民政府司法行政部门应当自收到报送材料之日起十日内予以审核,作出是否准予执业的决定。准予执业的,向申请人颁发律师执业证书;不准予执业的,向申请人书面说明理由。

第七条　【禁止执业限制】申请人有下列情形之一的,不予颁发律师执业证书:

(一)无民事行为能力或者限制民事行为能力的;
(二)受过刑事处罚的,但过失犯罪的除外;
(三)被开除公职或者被吊销律师、公证员执业证书的。

第八条　【申请执业条件】具有高等院校本科以上学历,在法律服务人员紧缺领域从事专业工作满十五年,具有高级职称或者同等专业水平并具有相应的专业法律知识的人员,申请专职律师执业的,经国务院司法行政部门考核合格,准予执业。具体办法由国务院规定。

第九条　【注销律师执业证书】有下列情形之一的,由省、自治区、直辖市人民政府司法行政部门撤销准予执业的决定,并注销被准予执业人员的律师执业证书:
(一)申请人以欺诈、贿赂等不正当手段取得律师执业证书的;
(二)对不符合本法规定条件的申请人准予执业的。

第十条　【执业限制】律师只能在一个律师事务所执业。律师变更执业机构的,应当申请换发律师执业证书。

律师执业不受地域限制。

第十一条　【从业限制】公务员不得兼任执业律师。

律师担任各级人民代表大会常务委员会组成人员的,任职期间不得从事诉讼代理或者辩护业务。

第十二条　【兼职律师】高等院校、科研机构中从事法学教育、研究工作的人员,符合本法第五条规定条件的,经所在单位同意,依照本法第六条规定的程序,可以申请兼职律师执业。

第十三条　【无证执业限制】没有取得律师执业证书的人员,不得以律师名义从事法律服务业务;除法律另有规定外,不得从事诉讼代理或者辩护业务。

第三章　律师事务所

第十四条　【设立条件】律师事务所是律师的执业机构。设立律师事务所应当具备下列条件:
(一)有自己的名称、住所和章程;

(二)有符合本法规定的律师；

(三)设立人应当是具有一定的执业经历,且三年内未受过停止执业处罚的律师；

(四)有符合国务院司法行政部门规定数额的资产。

第十五条　【合伙所】设立合伙律师事务所,除应当符合本法第十四条规定的条件外,还应当有三名以上合伙人,设立人应当是具有三年以上执业经历的律师。

合伙律师事务所可以采用普通合伙或者特殊的普通合伙形式设立。合伙律师事务所的合伙人按照合伙形式对该律师事务所的债务依法承担责任。

第十六条　【个人律师事务所的设立条件及设立人的责任】设立个人律师事务所,除应当符合本法第十四条规定的条件外,设立人还应当是具有五年以上执业经历的律师。设立人对律师事务所的债务承担无限责任。

第十七条　【申请设立材料】申请设立律师事务所,应当提交下列材料：

(一)申请书；

(二)律师事务所的名称、章程；

(三)律师的名单、简历、身份证明、律师执业证书；

(四)住所证明；

(五)资产证明。

设立合伙律师事务所,还应当提交合伙协议。

第十八条　【设立审核】设立律师事务所,应当向设区的市级或者直辖市的区人民政府司法行政部门提出申请,受理申请的部门应当自受理之日起二十日内予以审查,并将审查意见和全部申请材料报送省、自治区、直辖市人民政府司法行政部门。省、自治区、直辖市人民政府司法行政部门应当自收到报送材料之日起十日内予以审核,作出是否准予设立的决定。准予设立的,向申请人颁发律师事务所执业证书；不准予设立的,向申请人书面说明理由。

第十九条　【设立分所】成立三年以上并具有二十名以上执业律师的合伙律师事务所,可以设立分所。设立分所,须经拟设立分所所在地的省、自治区、直辖市人民政府司法行政部门审核。申请设立分所的,依照本法第十八条规定的程序办理。

合伙律师事务所对其分所的债务承担责任。

第二十条 【国资所】国家出资设立的律师事务所,依法自主开展律师业务,以该律师事务所的全部资产对其债务承担责任。

第二十一条 【变更审核】律师事务所变更名称、负责人、章程、合伙协议的,应当报原审核部门批准。

律师事务所变更住所、合伙人的,应当自变更之日起十五日内报原审核部门备案。

第二十二条 【律所执业终止】律师事务所有下列情形之一的,应当终止:

(一)不能保持法定设立条件,经限期整改仍不符合条件的;

(二)律师事务所执业证书被依法吊销的;

(三)自行决定解散的;

(四)法律、行政法规规定应当终止的其他情形。

律师事务所终止的,由颁发执业证书的部门注销该律师事务所的执业证书。

第二十三条 【管理制度的建立健全】律师事务所应当建立健全执业管理、利益冲突审查、收费与财务管理、投诉查处、年度考核、档案管理等制度,对律师在执业活动中遵守职业道德、执业纪律的情况进行监督。

第二十四条 【年报及执业考核结果】律师事务所应当于每年的年度考核后,向设区的市级或者直辖市的区人民政府司法行政部门提交本所的年度执业情况报告和律师执业考核结果。

第二十五条 【承办业务】律师承办业务,由律师事务所统一接受委托,与委托人签订书面委托合同,按照国家规定统一收取费用并如实入账。

律师事务所和律师应当依法纳税。

第二十六条 【竞争规范】律师事务所和律师不得以诋毁其他律师事务所、律师或者支付介绍费等不正当手段承揽业务。

第二十七条 【其他经营活动的禁止】律师事务所不得从事法律服务以外的经营活动。

第四章 律师的业务和权利、义务

第二十八条 【律师业务范围】律师可以从事下列业务：
（一）接受自然人、法人或者其他组织的委托，担任法律顾问；
（二）接受民事案件、行政案件当事人的委托，担任代理人，参加诉讼；
（三）接受刑事案件犯罪嫌疑人、被告人的委托或者依法接受法律援助机构的指派，担任辩护人，接受自诉案件自诉人、公诉案件被害人或者其近亲属的委托，担任代理人，参加诉讼；
（四）接受委托，代理各类诉讼案件的申诉；
（五）接受委托，参加调解、仲裁活动；
（六）接受委托，提供非诉讼法律服务；
（七）解答有关法律的询问、代写诉讼文书和有关法律事务的其他文书。

第二十九条 【法律顾问职责】律师担任法律顾问的，应当按照约定为委托人就有关法律问题提供意见，草拟、审查法律文书，代理参加诉讼、调解或者仲裁活动，办理委托的其他法律事务，维护委托人的合法权益。

第三十条 【诉讼代理】律师担任诉讼法律事务代理人或者非诉讼法律事务代理人的，应当在受委托的权限内，维护委托人的合法权益。

第三十一条 【刑事辩护】律师担任辩护人的，应当根据事实和法律，提出犯罪嫌疑人、被告人无罪、罪轻或者减轻、免除其刑事责任的材料和意见，维护犯罪嫌疑人、被告人的诉讼权利和其他合法权益。

第三十二条 【拒绝委托和委托拒绝】委托人可以拒绝已委托的律师为其继续辩护或者代理，同时可以另行委托律师担任辩护人或者代理人。

律师接受委托后，无正当理由的，不得拒绝辩护或者代理。但是，委托事项违法、委托人利用律师提供的服务从事违法活动或者委托人故意隐瞒与案件有关的重要事实的，律师有权拒绝辩护或者代理。

第三十三条 【会见权】律师担任辩护人的，有权持律师执业证书、律师事务所证明和委托书或者法律援助公函，依照刑事诉讼法的规定会见在押或者被监视居住的犯罪嫌疑人、被告人。辩护律师会见犯罪嫌疑人、被告人时不被监听。

第三十四条 【诉讼权利】律师担任辩护人的,自人民检察院对案件审查起诉之日起,有权查阅、摘抄、复制本案的案卷材料。

第三十五条 【调查权】受委托的律师根据案情的需要,可以申请人民检察院、人民法院收集、调取证据或者申请人民法院通知证人出庭作证。

律师自行调查取证的,凭律师执业证书和律师事务所证明,可以向有关单位或者个人调查与承办法律事务有关的情况。

第三十六条 【权利保障】律师担任诉讼代理人或者辩护人的,其辩论或者辩护的权利依法受到保障。

第三十七条 【律师人身权】律师在执业活动中的人身权利不受侵犯。

律师在法庭上发表的代理、辩护意见不受法律追究。但是,发表危害国家安全、恶意诽谤他人、严重扰乱法庭秩序的言论除外。

律师在参与诉讼活动中涉嫌犯罪的,侦查机关应当及时通知其所在的律师事务所或者所属的律师协会;被依法拘留、逮捕的,侦查机关应当依照刑事诉讼法的规定通知该律师的家属。

第三十八条 【律师保密义务】律师应当保守在执业活动中知悉的国家秘密、商业秘密,不得泄露当事人的隐私。

律师对在执业活动中知悉的委托人和其他人不愿泄露的有关情况和信息,应当予以保密。但是,委托人或者其他人准备或者正在实施危害国家安全、公共安全以及严重危害他人人身安全的犯罪事实和信息除外。

第三十九条 【双方委托禁止】律师不得在同一案件中为双方当事人担任代理人,不得代理与本人或者其近亲属有利益冲突的法律事务。

第四十条 【禁止行为】律师在执业活动中不得有下列行为:

(一)私自接受委托、收取费用,接受委托人的财物或者其他利益;

(二)利用提供法律服务的便利牟取当事人争议的权益;

(三)接受对方当事人的财物或者其他利益,与对方当事人或者第三人恶意串通,侵害委托人的权益;

(四)违反规定会见法官、检察官、仲裁员以及其他有关工作人员;

(五)向法官、检察官、仲裁员以及其他有关工作人员行贿,介绍贿赂或者指使、诱导当事人行贿,或者以其他不正当方式影响法官、检察官、仲裁员以及其他有关工作人员依法办理案件;

（六）故意提供虚假证据或者威胁、利诱他人提供虚假证据，妨碍对方当事人合法取得证据；

（七）煽动、教唆当事人采取扰乱公共秩序、危害公共安全等非法手段解决争议；

（八）扰乱法庭、仲裁庭秩序，干扰诉讼、仲裁活动的正常进行。

第四十一条 【曾任法官、检察官的律师限制】曾经担任法官、检察官的律师，从人民法院、人民检察院离任后二年内，不得担任诉讼代理人或者辩护人。

第四十二条 【义务】律师、律师事务所应当按照国家规定履行法律援助义务，为受援人提供符合标准的法律服务，维护受援人的合法权益。

第五章 律师协会

第四十三条 【性质】律师协会是社会团体法人，是律师的自律性组织。

全国设立中华全国律师协会，省、自治区、直辖市设立地方律师协会，设区的市根据需要可以设立地方律师协会。

第四十四条 【章程】全国律师协会章程由全国会员代表大会制定，报国务院司法行政部门备案。

地方律师协会章程由地方会员代表大会制定，报同级司法行政部门备案。地方律师协会章程不得与全国律师协会章程相抵触。

第四十五条 【会员】律师、律师事务所应当加入所在地的地方律师协会。加入地方律师协会的律师、律师事务所，同时是全国律师协会的会员。

律师协会会员享有律师协会章程规定的权利，履行律师协会章程规定的义务。

第四十六条 【职责】律师协会应当履行下列职责：

（一）保障律师依法执业，维护律师的合法权益；

（二）总结、交流律师工作经验；

（三）制定行业规范和惩戒规则；

（四）组织律师业务培训和职业道德、执业纪律教育，对律师的执业活动进行考核；

（五）组织管理申请律师执业人员的实习活动，对实习人员进行考核；

（六）对律师、律师事务所实施奖励和惩戒；

（七）受理对律师的投诉或者举报，调解律师执业活动中发生的纠纷，受理律师的申诉；

（八）法律、行政法规、规章以及律师协会章程规定的其他职责。

律师协会制定的行业规范和惩戒规则，不得与有关法律、行政法规、规章相抵触。

第六章 法律责任

第四十七条 【律师违法处理之一】律师有下列行为之一的，由设区的市级或者直辖市的区人民政府司法行政部门给予警告，可以处五千元以下的罚款；有违法所得的，没收违法所得；情节严重的，给予停止执业三个月以下的处罚：

（一）同时在两个以上律师事务所执业的；

（二）以不正当手段承揽业务的；

（三）在同一案件中为双方当事人担任代理人，或者代理与本人及其近亲属有利益冲突的法律事务的；

（四）从人民法院、人民检察院离任后二年内担任诉讼代理人或者辩护人的；

（五）拒绝履行法律援助义务的。

第四十八条 【律师违法处理之二】律师有下列行为之一的，由设区的市级或者直辖市的区人民政府司法行政部门给予警告，可以处一万元以下的罚款；有违法所得的，没收违法所得；情节严重的，给予停止执业三个月以上六个月以下的处罚：

（一）私自接受委托、收取费用，接受委托人财物或者其他利益的；

（二）接受委托后，无正当理由，拒绝辩护或者代理，不按时出庭参加诉讼或者仲裁的；

（三）利用提供法律服务的便利牟取当事人争议的权益的；

（四）泄露商业秘密或者个人隐私的。

第四十九条 【律师违法处理之三】律师有下列行为之一的，由设区的市级或者直辖市的区人民政府司法行政部门给予停止执业六个月以上一年以下的处罚,可以处五万元以下的罚款;有违法所得的,没收违法所得;情节严重的,由省、自治区、直辖市人民政府司法行政部门吊销其律师执业证书;构成犯罪的,依法追究刑事责任:

(一)违反规定会见法官、检察官、仲裁员以及其他有关工作人员,或者以其他不正当方式影响依法办理案件的;

(二)向法官、检察官、仲裁员以及其他有关工作人员行贿,介绍贿赂或者指使、诱导当事人行贿的;

(三)向司法行政部门提供虚假材料或者有其他弄虚作假行为的;

(四)故意提供虚假证据或者威胁、利诱他人提供虚假证据,妨碍对方当事人合法取得证据的;

(五)接受对方当事人财物或者其他利益,与对方当事人或者第三人恶意串通,侵害委托人权益的;

(六)扰乱法庭、仲裁庭秩序,干扰诉讼、仲裁活动的正常进行的;

(七)煽动、教唆当事人采取扰乱公共秩序、危害公共安全等非法手段解决争议的;

(八)发表危害国家安全、恶意诽谤他人、严重扰乱法庭秩序的言论的;

(九)泄露国家秘密的。

律师因故意犯罪受到刑事处罚的,由省、自治区、直辖市人民政府司法行政部门吊销其律师执业证书。

第五十条 【律师违法处理之四】律师事务所有下列行为之一的,由设区的市级或者直辖市的区人民政府司法行政部门视其情节给予警告、停业整顿一个月以上六个月以下的处罚,可以处十万元以下的罚款;有违法所得的,没收违法所得,情节特别严重的,由省、自治区、直辖市人民政府司法行政部门吊销律师事务所执业证书:

(一)违反规定接受委托、收取费用的;

(二)违反法定程序办理变更名称、负责人、章程、合伙协议、住所、合伙人等重大事项的;

(三)从事法律服务以外的经营活动的;

(四)以诋毁其他律师事务所、律师或者支付介绍费等不正当手段承揽业务的;

（五）违反规定接受有利益冲突的案件的；
（六）拒绝履行法律援助义务的；
（七）向司法行政部门提供虚假材料或者有其他弄虚作假行为的；
（八）对本所律师疏于管理，造成严重后果的。

律师事务所因前款违法行为受到处罚的，对其负责人视情节轻重，给予警告或者处二万元以下的罚款。

第五十一条　【累进加重处罚】律师因违反本法规定，在受到警告处罚后一年内又发生应当给予警告处罚情形的，由设区的市级或者直辖市的区人民政府司法行政部门给予停止执业三个月以上一年以下的处罚；在受到停止执业处罚期满后二年内又发生应当给予停止执业处罚情形的，由省、自治区、直辖市人民政府司法行政部门吊销其律师执业证书。

律师事务所因违反本法规定，在受到停业整顿处罚期满后二年内又发生应当给予停业整顿处罚情形的，由省、自治区、直辖市人民政府司法行政部门吊销律师事务所执业证书。

第五十二条　【县级司法行政部门的监管】县级人民政府司法行政部门对律师和律师事务所的执业活动实施日常监督管理，对检查发现的问题，责令改正；对当事人的投诉，应当及时进行调查。县级人民政府司法行政部门认为律师和律师事务所的违法行为应当给予行政处罚的，应当向上级司法行政部门提出处罚建议。

第五十三条　【合伙人的限制】受到六个月以上停止执业处罚的律师，处罚期满未逾三年的，不得担任合伙人。

被吊销律师执业证书的，不得担任辩护人、诉讼代理人，但系刑事诉讼、民事诉讼、行政诉讼当事人的监护人、近亲属的除外。

第五十四条　【民事赔偿】律师违法执业或者因过错给当事人造成损失的，由其所在的律师事务所承担赔偿责任。律师事务所赔偿后，可以向有故意或者重大过失行为的律师追偿。

第五十五条　【冒充律师的处罚】没有取得律师执业证书的人员以律师名义从事法律服务业务的，由所在地的县级以上地方人民政府司法行政部门责令停止非法执业，没收违法所得，处违法所得一倍以上五倍以下的罚款。

第五十六条　【司法行政部门的法律责任】司法行政部门工作人员违反

本法规定,滥用职权、玩忽职守,构成犯罪的,依法追究刑事责任;尚不构成犯罪的,依法给予处分。

第七章 附 则

第五十七条 【军队律师】为军队提供法律服务的军队律师,其律师资格的取得和权利、义务及行为准则,适用本法规定。军队律师的具体管理办法,由国务院和中央军事委员会制定。

第五十八条 【外国律师事务所机构管理】外国律师事务所在中华人民共和国境内设立机构从事法律服务活动的管理办法,由国务院制定。

第五十九条 【律师收费办法】律师收费办法,由国务院价格主管部门会同国务院司法行政部门制定。

第六十条 【施行日期】本法自 2008 年 6 月 1 日起施行。

律师事务所管理办法

(2008 年 7 月 18 日司法部令第 111 号发布 根据 2012 年 11 月 30 日司法部令第 125 号《关于修改〈律师事务所管理办法〉的决定》第一次修正 2016 年 9 月 6 日司法部令第 133 号修订 根据 2018 年 12 月 5 日司法部令第 142 号《关于修改〈律师事务所管理办法〉的决定》第二次修正)

第一章 总 则

第一条 为了规范律师事务所的设立,加强对律师事务所的监督和管理,根据《中华人民共和国律师法》(以下简称《律师法》)和其他有关法律、法规的规定,制定本办法。

第二条 律师事务所是律师的执业机构。律师事务所应当依法设立并取得执业许可证。

律师事务所的设立和发展,应当根据国家和地方经济社会发展的需要,实现合理分布、均衡发展。

第三条 律师事务所应当坚持以习近平新时代中国特色社会主义思想为指导,坚持和加强党对律师工作的全面领导,坚定维护以习近平同志为核心的党中央权威和集中统一领导,把拥护中国共产党领导、拥护社会主义法治作为从业的基本要求,增强广大律师走中国特色社会主义法治道路的自觉性和坚定性。

律师事务所应当依法开展业务活动,加强内部管理和对律师执业行为的监督,依法承担相应的法律责任。

任何组织和个人不得非法干预律师事务所的业务活动,不得侵害律师事务所的合法权益。

第四条 律师事务所应当加强党的建设,充分发挥党组织的战斗堡垒作用和党员律师的先锋模范作用。

律师事务所有三名以上正式党员的,应当根据《中国共产党章程》的规定,经上级党组织批准,成立党的基层组织,并按期进行换届。律师事务所正式党员不足三人的,应当通过联合成立党组织、上级党组织选派党建工作指导员等方式开展党的工作,并在条件具备时及时成立党的基层组织。

律师事务所应当建立完善党组织参与律师事务所决策、管理的工作机制,为党组织开展活动、做好工作提供场地、人员和经费等支持。

第五条 司法行政机关依照《律师法》和本办法的规定对律师事务所进行监督、指导。

律师协会依照《律师法》、协会章程和行业规范,对律师事务所实行行业自律。

司法行政机关、律师协会应当结合监督管理职责,加强对律师行业党的建设的指导。

第六条 司法行政机关、律师协会应当建立健全律师事务所表彰奖励制度,根据有关规定设立综合性和单项表彰项目,对为维护人民群众合法权益、促进经济社会发展和国家法治建设作出突出贡献的律师事务所进行表彰奖励。

第二章 律师事务所的设立条件

第七条 律师事务所可以由律师合伙设立、律师个人设立或者由国家出资设立。

合伙律师事务所可以采用普通合伙或者特殊的普通合伙形式设立。

第八条 设立律师事务所应当具备下列基本条件:

(一)有自己的名称、住所和章程;

(二)有符合《律师法》和本办法规定的律师;

(三)设立人应当是具有一定的执业经历并能够专职执业的律师,且在申请设立前三年内未受过停止执业处罚;

(四)有符合本办法规定数额的资产。

第九条 设立普通合伙律师事务所,除应当符合本办法第八条规定的条件外,还应当具备下列条件:

(一)有书面合伙协议;

(二)有三名以上合伙人作为设立人;

(三)设立人应当是具有三年以上执业经历并能够专职执业的律师;

(四)有人民币三十万元以上的资产。

第十条 设立特殊的普通合伙律师事务所,除应当符合本办法第八条规定的条件外,还应当具备下列条件:

(一)有书面合伙协议;

(二)有二十名以上合伙人作为设立人;

(三)设立人应当是具有三年以上执业经历并能够专职执业的律师;

(四)有人民币一千万元以上的资产。

第十一条 设立个人律师事务所,除应当符合本办法第八条规定的条件外,还应当具备下列条件:

(一)设立人应当是具有五年以上执业经历并能够专职执业的律师;

（二）有人民币十万元以上的资产。

第十二条 国家出资设立的律师事务所,除符合《律师法》规定的一般条件外,应当至少有二名符合《律师法》规定并能够专职执业的律师。

需要国家出资设立律师事务所的,由当地县级司法行政机关筹建,申请设立许可前须经所在地县级人民政府有关部门核拨编制、提供经费保障。

第十三条 省、自治区、直辖市司法行政机关可以根据本地经济社会发展状况和律师业发展需要,适当调整本办法规定的普通合伙律师事务所、特殊的普通合伙律师事务所和个人律师事务所的设立资产数额,报司法部批准后实施。

第十四条 设立律师事务所,其申请的名称应当符合司法部有关律师事务所名称管理的规定,并应当在申请设立许可前按规定办理名称检索。

第十五条 律师事务所负责人人选,应当在申请设立许可时一并报审核机关核准。

合伙律师事务所的负责人,应当从本所合伙人中经全体合伙人选举产生;国家出资设立的律师事务所的负责人,由本所律师推选,经所在地县级司法行政机关同意。

个人律师事务所设立人是该所的负责人。

第十六条 律师事务所章程应当包括下列内容:

(一)律师事务所的名称和住所;

(二)律师事务所的宗旨;

(三)律师事务所的组织形式;

(四)设立资产的数额和来源;

(五)律师事务所负责人的职责以及产生、变更程序;

(六)律师事务所决策、管理机构的设置、职责;

(七)本所律师的权利与义务;

(八)律师事务所有关执业、收费、财务、分配等主要管理制度;

(九)律师事务所解散的事由、程序以及清算办法;

(十)律师事务所章程的解释、修改程序;

(十一)律师事务所党组织的设置形式、地位作用、职责权限、参与本所决策、管理的工作机制和党建工作保障措施等;

（十二）其他需要载明的事项。

设立合伙律师事务所的，其章程还应当载明合伙人的姓名、出资额及出资方式。

律师事务所章程的内容不得与有关法律、法规、规章相抵触。

律师事务所章程自省、自治区、直辖市司法行政机关作出准予设立律师事务所决定之日起生效。

第十七条　合伙协议应当载明下列内容：

（一）合伙人，包括姓名、居住地、身份证号、律师执业经历等；

（二）合伙人的出资额及出资方式；

（三）合伙人的权利、义务；

（四）合伙律师事务所负责人的职责以及产生、变更程序；

（五）合伙人会议的职责、议事规则等；

（六）合伙人收益分配及债务承担方式；

（七）合伙人入伙、退伙及除名的条件和程序；

（八）合伙人之间争议的解决方法和程序，违反合伙协议承担的责任；

（九）合伙协议的解释、修改程序；

（十）其他需要载明的事项。

合伙协议的内容不得与有关法律、法规、规章相抵触。

合伙协议由全体合伙人协商一致并签名，自省、自治区、直辖市司法行政机关作出准予设立律师事务所决定之日起生效。

第三章　律师事务所设立许可程序

第十八条　律师事务所的设立许可，由设区的市级或者直辖市的区（县）司法行政机关受理设立申请并进行初审，报省、自治区、直辖市司法行政机关进行审核，作出是否准予设立的决定。

第十九条　申请设立律师事务所，应当向所在地设区的市级或者直辖市的区（县）司法行政机关提交下列材料：

（一）设立申请书；

（二）律师事务所的名称、章程；

（三）设立人的名单、简历、身份证明、律师执业证书、律师事务所负责人人选；

（四）住所证明；

（五）资产证明。

设立合伙律师事务所，还应当提交合伙协议。

设立国家出资设立的律师事务所，应当提交所在地县级人民政府有关部门出具的核拨编制、提供经费保障的批件。

申请设立许可时，申请人应当如实填报《律师事务所设立申请登记表》。

第二十条 设区的市级或者直辖市的区（县）司法行政机关对申请人提出的设立律师事务所申请，应当根据下列情况分别作出处理：

（一）申请材料齐全、符合法定形式的，应当受理。

（二）申请材料不齐全或者不符合法定形式的，应当当场或者自收到申请材料之日起五日内一次告知申请人需要补正的全部内容。申请人按要求补正的，予以受理；逾期不告知的，自收到申请材料之日起即为受理。

（三）申请事项明显不符合法定条件或者申请人拒绝补正、无法补正有关材料的，不予受理，并向申请人书面说明理由。

第二十一条 受理申请的司法行政机关应当在决定受理之日起二十日内完成对申请材料的审查。

在审查过程中，可以征求拟设立律师事务所所在地县级司法行政机关的意见；对于需要调查核实有关情况的，可以要求申请人提供有关证明材料，也可以委托县级司法行政机关进行核实。

经审查，应当对设立律师事务所的申请是否符合法定条件、材料是否真实齐全出具审查意见，并将审查意见和全部申请材料报送省、自治区、直辖市司法行政机关。

第二十二条 省、自治区、直辖市司法行政机关应当自收到受理申请机关报送的审查意见和全部申请材料之日起十日内予以审核，作出是否准予设立律师事务所的决定。

准予设立的，应当自决定之日起十日内向申请人颁发律师事务所执业许可证。

不准予设立的，应当向申请人书面说明理由。

第二十三条 律师事务所执业许可证分为正本和副本。正本用于办公场所悬挂,副本用于接受查验。正本和副本具有同等的法律效力。

律师事务所执业许可证应当载明的内容、制作的规格、证号编制办法,由司法部规定。执业许可证由司法部统一制作。

第二十四条 律师事务所设立申请人应当在领取执业许可证后的六十日内,按照有关规定刻制印章、开立银行账户、办理税务登记,完成律师事务所开业的各项准备工作,并将刻制的律师事务所公章、财务章印模和开立的银行账户报所在地设区的市级或者直辖市的区(县)司法行政机关备案。

第二十五条 有下列情形之一的,由作出准予设立律师事务所决定的省、自治区、直辖市司法行政机关撤销原准予设立的决定,收回并注销律师事务所执业许可证:

(一)申请人以欺骗、贿赂等不正当手段取得准予设立决定的;

(二)对不符合法定条件的申请或者违反法定程序作出准予设立决定的。

第四章 律师事务所的变更和终止

第二十六条 律师事务所变更名称、负责人、章程、合伙协议的,应当经所在地设区的市级或者直辖市的区(县)司法行政机关审查后报原审核机关批准。具体办法按律师事务所设立许可程序办理。

律师事务所变更住所、合伙人的,应当自变更之日起十五日内经所在地设区的市级或者直辖市的区(县)司法行政机关报原审核机关备案。

第二十七条 律师事务所跨县、不设区的市、市辖区变更住所,需要相应变更负责对其实施日常监督管理的司法行政机关的,应当在办理备案手续后,由其所在地设区的市级司法行政机关或者直辖市司法行政机关将有关变更情况通知律师事务所迁入地的县级司法行政机关。

律师事务所拟将住所迁移其他省、自治区、直辖市的,应当按注销原律师事务所、设立新的律师事务所的程序办理。

第二十八条 律师事务所变更合伙人,包括吸收新合伙人、合伙人退伙、合伙人因法定事由或者经合伙人会议决议被除名。

新合伙人应当从专职执业的律师中产生,并具有三年以上执业经历,但司法部另有规定的除外。受到六个月以上停止执业处罚的律师,处罚期满未逾三年的,不得担任合伙人。

合伙人退伙、被除名的,律师事务所应当依照法律、本所章程和合伙协议处理相关财产权益、债务承担等事务。

因合伙人变更需要修改合伙协议的,修改后的合伙协议应当按照本办法第二十六条第一款的规定报批。

第二十九条 律师事务所变更组织形式的,应当在自行依法处理好业务衔接、人员安排、资产处置、债务承担等事务并对章程、合伙协议作出相应修改后,方可按照本办法第二十六条第一款的规定申请变更。

第三十条 律师事务所因分立、合并,需要对原律师事务所进行变更或者注销原律师事务所、设立新的律师事务所的,应当在自行依法处理好相关律师事务所的业务衔接、人员安排、资产处置、债务承担等事务后,提交分立协议或者合并协议等申请材料,按照本办法的相关规定办理。

第三十一条 律师事务所有下列情形之一的,应当终止:

(一)不能保持法定设立条件,经限期整改仍不符合条件的;

(二)执业许可证被依法吊销的;

(三)自行决定解散的;

(四)法律、行政法规规定应当终止的其他情形。

律师事务所在取得设立许可后,六个月内未开业或者无正当理由停止业务活动满一年的,视为自行停办,应当终止。

律师事务所在受到停业整顿处罚期限未满前,不得自行决定解散。

第三十二条 律师事务所在终止事由发生后,不得受理新的业务。

律师事务所在终止事由发生后,应当向社会公告,依照有关规定进行清算,依法处置资产分割、债务清偿等事务。

律师事务所应当在清算结束后十五日内向所在地设区的市级或者直辖市的区(县)司法行政机关提交注销申请书、清算报告、本所执业许可证以及其他有关材料,由其出具审查意见后连同全部注销申请材料报原审核机关审核,办理注销手续。

律师事务所拒不履行公告、清算义务的,由设区的市级或者直辖市的区

(县)司法行政机关向社会公告后,可以直接报原审核机关办理注销手续。律师事务所被注销后的债权、债务由律师事务所的设立人、合伙人承担。

律师事务所被注销的,其业务档案、财务账簿、本所印章的移管、处置,按照有关规定办理。

第五章 律师事务所分所的设立、变更和终止

第三十三条 成立三年以上并具有二十名以上执业律师的合伙律师事务所,根据业务发展需要,可以在本所所在地的市、县以外的地方设立分所。设在直辖市、设区的市的合伙律师事务所也可以在本所所在城区以外的区、县设立分所。

律师事务所及其分所受到停业整顿处罚期限未满的,该所不得申请设立分所;律师事务所的分所受到吊销执业许可证处罚的,该所自分所受到处罚之日起二年内不得申请设立分所。

第三十四条 分所应当具备下列条件:

(一)有符合《律师事务所名称管理办法》规定的名称;

(二)有自己的住所;

(三)有三名以上律师事务所派驻的专职律师;

(四)有人民币三十万元以上的资产;

(五)分所负责人应当是具有三年以上的执业经历并能够专职执业,且在担任负责人前三年内未受过停止执业处罚的律师。

律师事务所到经济欠发达的市、县设立分所的,前款规定的派驻律师条件可以降至 至二名;资产条件可以降至人民币十万元。具体适用地区由省、自治区、直辖市司法行政机关确定。

省、自治区、直辖市司法行政机关根据本地经济社会发展和律师业发展状况,需要提高第一款第(三)、(四)项规定的条件的,按照本办法第十三条规定的程序办理。

第三十五条 律师事务所申请设立分所,应当提交下列材料:

( )设立分所申请书;

(二)本所基本情况,本所设立许可机关为其出具的符合《律师法》第十

九条和本办法第三十三条规定条件的证明;

(三)本所执业许可证复印件,本所章程和合伙协议;

(四)拟在分所执业的律师的名单、简历、身份证明和律师执业证书复印件;

(五)拟任分所负责人的人选及基本情况,该人选执业许可机关为其出具的符合本办法第三十四条第一款第五项规定条件的证明;

(六)分所的名称,分所住所证明和资产证明;

(七)本所制定的分所管理办法。

申请设立分所时,申请人应当如实填报《律师事务所分所设立申请登记表》。

第三十六条 律师事务所申请设立分所,由拟设立分所所在地设区的市级或者直辖市区(县)司法行政机关受理并进行初审,报省、自治区、直辖市司法行政机关审核,决定是否准予设立分所。具体程序按照本办法第二十条、第二十一条、第二十二条的规定办理。

准予设立分所的,由设立许可机关向申请人颁发律师事务所分所执业许可证。

第三十七条 分所律师除由律师事务所派驻外,可以依照《律师执业管理办法》的规定面向社会聘用律师。

派驻分所律师,参照《律师执业管理办法》有关律师变更执业机构的规定办理,由准予设立分所的省、自治区、直辖市司法行政机关予以换发执业证书,原执业证书交回原颁证机关;分所聘用律师,依照《律师执业管理办法》规定的申请律师执业许可或者变更执业机构的程序办理。

第三十八条 律师事务所决定变更分所负责人的,应当经分所所在地设区的市级或者直辖市区(县)司法行政机关报分所设立许可机关批准;变更派驻分所律师的,参照《律师执业管理办法》有关律师变更执业机构的规定办理。

分所变更住所的,应当自变更之日起十五日内,经分所所在地设区的市级或者直辖市区(县)司法行政机关报分所设立许可机关备案。

律师事务所变更名称的,应当自名称获准变更之日起三十日内,经分所所在地设区的市级或者直辖市区(县)司法行政机关向分所设立许可机关申请变更分所名称。

第三十九条 有下列情形之一的,分所应当终止:

(一)律师事务所依法终止的;

(二)律师事务所不能保持《律师法》和本办法规定设立分所的条件,经限期整改仍不符合条件的;

(三)分所不能保持本办法规定的设立条件,经限期整改仍不符合条件的;

(四)分所在取得设立许可后六个月内未开业或者无正当理由停止业务活动满一年的;

(五)律师事务所决定停办分所的;

(六)分所执业许可证被依法吊销的;

(七)法律、行政法规规定应当终止的其他情形。

分所终止的,由分所设立许可机关注销分所执业许可证。分所终止的有关事宜按照本办法第三十二条的规定办理。

第六章 律师事务所执业和管理规则

第四十条 律师事务所应当建立健全执业管理和其他各项内部管理制度,规范本所律师执业行为,履行监管职责,对本所律师遵守法律、法规、规章及行业规范,遵守职业道德和执业纪律的情况进行监督,发现问题及时予以纠正。

第四十一条 律师事务所应当保障本所律师和辅助人员享有下列权利:

(一)获得本所提供的必要工作条件和劳动保障;

(二)获得劳动报酬及享受有关福利待遇;

(三)向本所提出意见和建议;

(四)法律、法规、规章及行业规范规定的其他权利。

第四十二条 律师事务所应当监督本所律师和辅助人员履行下列义务:

(一)遵守宪法和法律,遵守职业道德和执业纪律;

（二）依法、诚信、规范执业；

（三）接受本所监督管理，遵守本所章程和规章制度，维护本所的形象和声誉；

（四）法律、法规、规章及行业规范规定的其他义务。

第四十三条 律师事务所应当建立违规律师辞退和除名制度，对违法违规执业、违反本所章程及管理制度或者年度考核不称职的律师，可以将其辞退或者经合伙人会议通过将其除名，有关处理结果报所在地县级司法行政机关和律师协会备案。

第四十四条 律师事务所应当在法定业务范围内开展业务活动，不得以独资、与他人合资或者委托持股方式兴办企业，并委派律师担任企业法定代表人、总经理职务，不得从事与法律服务无关的其他经营性活动。

第四十五条 律师事务所应当与其他律师事务所公平竞争，不得以诋毁其他律师事务所、律师或者支付介绍费等不正当手段承揽业务。

第四十六条 律师承办业务，由律师事务所统一接受委托，与委托人签订书面委托合同。

律师事务所受理业务，应当进行利益冲突审查，不得违反规定受理与本所承办业务及其委托人有利益冲突的业务。

第四十七条 律师事务所应当按照有关规定统一收取服务费用并如实入账，建立健全收费管理制度，及时查处有关违规收费的举报和投诉，不得在实行政府指导价的业务领域违反规定标准收取费用，或者违反风险代理管理规定收取费用。

律师事务所应当按照规定建立健全财务管理制度，建立和实行合理的分配制度及激励机制。

律师事务所应当依法纳税。

第四十八条 律师事务所应当依法履行法律援助义务，及时安排本所律师承办法律援助案件，为办理法律援助案件提供条件和便利，无正当理由不得拒绝接受法律援助机构指派的法律援助案件。

第四十九条 律师事务所应当建立健全重大疑难案件的请示报告、集体研究和检查督导制度，规范受理程序，指导监督律师依法办理重大疑难案件。

第五十条 律师事务所应当依法履行管理职责,教育管理本所律师依法、规范承办业务,加强对本所律师执业活动的监督管理,不得放任、纵容本所律师有下列行为:

(一)采取煽动、教唆和组织当事人或者其他人员到司法机关或者其他国家机关静坐、举牌、打横幅、喊口号、声援、围观等扰乱公共秩序、危害公共安全的非法手段,聚众滋事,制造影响,向有关部门施加压力。

(二)对本人或者其他律师正在办理的案件进行歪曲、有误导性的宣传和评论,恶意炒作案件。

(三)以串联组团、联署签名、发表公开信、组织网上聚集、声援等方式或者借个案研讨之名,制造舆论压力,攻击、诋毁司法机关和司法制度。

(四)无正当理由,拒不按照人民法院通知出庭参与诉讼,或者违反法庭规则,擅自退庭。

(五)聚众哄闹、冲击法庭,侮辱、诽谤、威胁、殴打司法工作人员或者诉讼参与人,否定国家认定的邪教组织的性质,或者有其他严重扰乱法庭秩序的行为。

(六)发表、散布否定宪法确立的根本政治制度、基本原则和危害国家安全的言论,利用网络、媒体挑动对党和政府的不满,发起、参与危害国家安全的组织或者支持、参与、实施危害国家安全的活动;以歪曲事实真相、明显违背社会公序良俗等方式,发表恶意诽谤他人的言论,或者发表严重扰乱法庭秩序的言论。

第五十一条 合伙律师事务所和国家出资设立的律师事务所应当按照规定为聘用的律师和辅助人员办理失业、养老、医疗等社会保险。

个人律师事务所聘用律师和辅助人员的,应当按前款规定为其办理社会保险。

第五十二条 律师事务所应当按照规定,建立执业风险、事业发展、社会保障等基金。

律师参加执业责任保险的具体办法另行规定。

第五十三条 律师违法执业或者因过错给当事人造成损失的,由其所在的律师事务所承担赔偿责任。律师事务所赔偿后,可以向有故意或者重大过失行为的律师追偿。

普通合伙律师事务所的合伙人对律师事务所的债务承担无限连带责任。特殊的普通合伙律师事务所一个合伙人或者数个合伙人在执业活动中因故意或者重大过失造成律师事务所债务的,应当承担无限责任或者无限连带责任,其他合伙人以其在律师事务所中的财产份额为限承担责任;合伙人在执业活动中非因故意或者重大过失造成的律师事务所债务,由全体合伙人承担无限连带责任。个人律师事务所的设立人对律师事务所的债务承担无限责任。国家出资设立的律师事务所以其全部资产对其债务承担责任。

第五十四条　律师事务所的负责人负责对律师事务所的业务活动和内部事务进行管理,对外代表律师事务所,依法承担对律师事务所违法行为的管理责任。

合伙人会议或者律师会议为合伙律师事务所或者国家出资设立的律师事务所的决策机构;个人律师事务所的重大决策应当充分听取聘用律师的意见。

律师事务所根据本所章程可以设立相关管理机构或者配备专职管理人员,协助本所负责人开展日常管理工作。

第五十五条　律师事务所应当加强对本所律师的职业道德和执业纪律教育,组织开展业务学习和经验交流活动,为律师参加业务培训和继续教育提供条件。

第五十六条　律师事务所应当建立律师表彰奖励制度,对依法、诚信、规范执业表现突出的律师予以表彰奖励。

第五十七条　律师事务所应当建立投诉查处制度,及时查处、纠正本所律师在执业活动中的违法违规行为,调处在执业中与委托人之间的纠纷;认为需要对被投诉律师给予行政处罚或者行业惩戒的,应当及时向所在地县级司法行政机关或者律师协会报告。

已担任合伙人的律师受到六个月以上停止执业处罚的,自处罚决定生效之日起至处罚期满后三年内,不得担任合伙人。

第五十八条　律师事务所应当建立律师执业年度考核制度,按照规定对本所律师的执业表现和遵守职业道德、执业纪律的情况进行考核,评定等次,实施奖惩,建立律师执业档案和诚信档案。

第五十九条 律师事务所应当于每年的一季度经所在地县级司法行政机关向设区的市级司法行政机关提交上一年度本所执业情况报告和律师执业考核结果,直辖市的律师事务所的执业情况报告和律师执业考核结果直接向所在地区(县)司法行政机关提交,接受司法行政机关的年度检查考核。具体年度检查考核办法,由司法部规定。

第六十条 律师事务所应当按照规定建立健全档案管理制度,对所承办业务的案卷和有关资料及时立卷归档,妥善保管。

第六十一条 律师事务所应当通过本所网站等,公开本所律师和辅助人员的基本信息和奖惩情况。

第六十二条 律师事务所应当妥善保管、依法使用本所执业许可证,不得变造、出借、出租。如有遗失或者损毁的,应当及时报告所在地县级司法行政机关,经所在地设区的市级或者直辖市区(县)司法行政机关向原审核机关申请补发或者换发。律师事务所执业许可证遗失的,应当在当地报刊上刊登遗失声明。

律师事务所被撤销许可、受到吊销执业许可证处罚的,由所在地县级司法行政机关收缴其执业许可证。

律师事务所受到停业整顿处罚的,应当自处罚决定生效后至处罚期限届满前,将执业许可证缴存其所在地县级司法行政机关。

第六十三条 律师事务所应当加强对分所执业和管理活动的监督,履行下列管理职责:

(一)任免分所负责人;

(二)决定派驻分所律师,核准分所聘用律师人选;

(三)审核、批准分所的内部管理制度;

(四)审核、批准分所的年度工作计划、年度工作总结;

(五)指导、监督分所的执业活动及重大法律事务的办理;

(六)指导、监督分所的财务活动,审核、批准分所的分配方案和年度财务预算、决算;

(七)决定分所重要事项的变更、分所停办和分所资产的处置;

(八)本所规定的其他由律师事务所决定的事项。

律师事务所应当依法对其分所的债务承担责任。

第七章　司法行政机关的监督管理

第六十四条　县级司法行政机关对本行政区域内的律师事务所的执业活动进行日常监督管理,履行下列职责:

(一)监督律师事务所在开展业务活动过程中遵守法律、法规、规章的情况;

(二)监督律师事务所执业和内部管理制度的建立和实施情况;

(三)监督律师事务所保持法定设立条件以及变更报批或者备案的执行情况;

(四)监督律师事务所进行清算、申请注销的情况;

(五)监督律师事务所开展律师执业年度考核和上报年度执业总结的情况;

(六)受理对律师事务所的举报和投诉;

(七)监督律师事务所履行行政处罚和实行整改的情况;

(八)司法部和省、自治区、直辖市司法行政机关规定的其他职责。

县级司法行政机关在开展日常监督管理过程中,对发现、查实的律师事务所在执业和内部管理方面存在的问题,应当对律师事务所负责人或者有关律师进行警示谈话,责令改正,并对其整改情况进行监督;对律师事务所的违法行为认为依法应当给予行政处罚的,应当向上一级司法行政机关提出处罚建议;认为需要给予行业惩戒的,移送律师协会处理。

第六十五条　设区的市级司法行政机关履行下列监督管理职责:

(一)掌握本行政区域律师事务所的执业活动和组织建设、队伍建设、制度建设的情况,制定加强律师工作的措施和办法。

(二)指导、监督下一级司法行政机关的日常监督管理工作,组织开展对律师事务所的专项监督检查工作,指导对律师事务所重大投诉案件的查处工作。

(三)对律师事务所进行表彰。

(四)依法定职权对律师事务所的违法行为实施行政处罚;对依法应当给予吊销执业许可证处罚的,向上一级司法行政机关提出处罚建议。

（五）组织开展对律师事务所的年度检查考核工作。

（六）受理、审查律师事务所设立、变更、设立分所、注销申请事项。

（七）建立律师事务所执业档案，负责有关律师事务所的许可、变更、终止及执业档案信息的公开工作。

（八）法律、法规、规章规定的其他职责。

直辖市的区（县）司法行政机关负有前款规定的有关职责。

第六十六条 省、自治区、直辖市司法行政机关履行下列监督管理职责：

（一）制定本行政区域律师事务所的发展规划和有关政策，制定律师事务所管理的规范性文件；

（二）掌握本行政区域律师事务所组织建设、队伍建设、制度建设和业务开展情况；

（三）监督、指导下级司法行政机关的监督管理工作，指导对律师事务所的专项监督检查和年度检查考核工作；

（四）组织对律师事务所的表彰活动；

（五）依法对律师事务所的严重违法行为实施吊销执业许可证的处罚，监督下一级司法行政机关的行政处罚工作，办理有关行政复议和申诉案件；

（六）办理律师事务所设立核准、变更核准或者备案、设立分所核准及执业许可证注销事项；

（七）负责本行政区域律师事务所有关重大信息的公开工作。

（八）法律、法规规定的其他职责。

第六十七条 律师事务所违反本办法有关规定的，依照《律师法》和有关法规、规章规定追究法律责任。

律师事务所违反本办法第四十四条、第四十五条、第四十七条、第四十八条、第五十条规定的，司法行政机关应当依照《律师法》第五十条相关规定予以行政处罚。

第六十八条 律师事务所管理分所的情况，应当纳入司法行政机关对该所年度检查考核的内容；律师事务所对分所及其律师疏于管理、造成严重后果的，由该所所在地司法行政机关依法实施行政处罚。

律师事务所分所及其律师，应当接受分所所在地司法行政机关的监督、指导，接受分所所在地律师协会的行业管理。

第六十九条 跨省、自治区、直辖市设立分所的，分所所在地的省、自治区、直辖市司法行政机关应当将分所设立、变更、终止以及年度考核、行政处罚等情况及时抄送设立分所的律师事务所所在的省、自治区、直辖市司法行政机关。

第七十条 各级司法行政机关及其工作人员对律师事务所实施监督管理，不得妨碍律师事务所依法执业，不得侵害律师事务所的合法权益，不得索取或者收受律师事务所及其律师的财物，不得谋取其他利益。

第七十一条 司法行政机关应当加强对实施许可和管理活动的层级监督，按照规定建立有关工作的统计、请示、报告、督办等制度。

负责律师事务所许可实施、年度检查考核或者奖励、处罚的司法行政机关，应当及时将有关许可决定、考核结果或者奖惩情况通报下级司法行政机关，并报送上一级司法行政机关。

第七十二条 司法行政机关、律师协会应当建立律师和律师事务所信息管理系统，按照有关规定向社会公开律师事务所基本信息和年度检查考核结果、奖惩情况。

第七十三条 司法行政机关应当加强对律师协会的指导、监督，支持律师协会依照《律师法》和协会章程、行业规范对律师事务所实行行业自律，建立健全行政管理与行业自律相结合的协调、协作机制。

第七十四条 各级司法行政机关应当定期将本行政区域律师事务所的组织、队伍、业务情况的统计资料、年度管理工作总结报送上一级司法行政机关。

第七十五条 人民法院、人民检察院、公安机关、国家安全机关或者其他有关部门对律师事务所的违法违规行为向司法行政机关、律师协会提出予以处罚、处分建议的，司法行政机关、律师协会应当自作出处理决定之日起7日内通报建议机关。

第七十六条 司法行政机关工作人员在律师事务所设立许可和实施监督管理活动中，滥用职权、玩忽职守，构成犯罪的，依法追究刑事责任；尚不构成犯罪的，依法给予行政处分。

第八章 附 则

第七十七条 军队法律顾问处的管理,按照国务院和中央军事委员会有关规定执行。

第七十八条 本办法自 2016 年 11 月 1 日起施行。此前司法部制定的有关律师事务所管理的规章、规范性文件与本办法相抵触的,以本办法为准。

基层法律服务所管理办法

(2000 年 3 月 30 日司法部令第 59 号公布
2017 年 12 月 25 日司法部令第 137 号修订)

第一章 总 则

第一条 为加强对基层法律服务所的监督和管理,保障基层法律服务所依法执业,根据有关法律法规,结合基层法律服务工作实际和发展需要,制定本办法。

第二条 基层法律服务所是在乡镇和街道设立的法律服务组织,是基层法律服务工作者的执业机构。

第三条 基层法律服务所按照司法部规定的业务范围和执业要求,面向基层的政府机关、基层群众性自治组织、企业事业单位、社会组织和承包经营户、个体工商户、合伙组织以及公民提供法律服务,维护当事人合法权益,维护法律正确实施,促进社会稳定、经济发展和法治建设。

第四条　基层法律服务所依法执业受法律保护,任何组织和个人不得侵害其合法权益。

第五条　基层法律服务所应当把拥护中国共产党领导、拥护社会主义法治作为从业的基本要求。

第六条　司法行政机关依据本办法对基层法律服务所进行管理和指导。

第二章　执业管理

第七条　基层法律服务所应当有规范的名称和章程;有3名以上符合司法部规定条件、能够专职执业的基层法律服务工作者;有住所和必要的资产。

事业体制基层法律服务所除应当符合第一款规定外,还应当持有事业单位登记管理机关颁发的《事业单位法人证书》。

普通合伙制基层法律服务所除应当符合第一款规定外,还应当至少有2名具有3年以上执业经历、能够专职执业的基层法律服务工作者作为合伙人,并有经全体合伙人协商一致并签名的合伙协议。

基层法律服务所的人员、财务、职能应当与司法所分离。

第八条　基层法律服务所只能使用1个名称。名称应当由以下三部分内容依次排列组成:县级行政区划名称,乡镇、街道行政区划名称或者字号,法律服务所。

第九条　基层法律服务所章程应当载明下列事项:

(一)名称、住所;

(二)本所法定代表人或者负责人的职责;

(三)执业工作制度;

(四)基层法律服务工作者及辅助工作人员的聘用、管理办法;

(五)财务管理制度、分配制度;

(六)其他内部管理制度;

(七)停办、解散及清算办法;

(八)章程修改的程序;

(九)其他需要载明的事项。

第十条 基层法律服务所变更名称、法定代表人或者负责人、合伙人、住所和修改章程的,应当由所在地县级司法行政机关审查同意后报设区的市级司法行政机关批准,或者由直辖市的区(县)司法行政机关批准。

第十一条 基层法律服务所有下列情形之一的,应当终止:

(一)不符合本办法第七条规定的基层法律服务所应当具备的条件,经限期整改仍不符合相关规定的;

(二)停办或者决定解散的;

(三)法律、行政法规规定应当终止的其他情形。

基层法律服务所无正当理由停止业务活动满1年的,视为自行停办、解散,应当终止。

第十二条 基层法律服务所在终止事由发生后,应当向社会公告,按照有关规定进行清算,并不得受理新的业务。

基层法律服务所应当在清算结束后15日内,经所在地县级司法行政机关审查后报设区的市级司法行政机关办理注销手续,或者由直辖市的区(县)司法行政机关办理注销手续。基层法律服务所拒不履行公告、清算义务的,可以由县级司法行政机关向社会公告后报设区的市级司法行政机关办理注销手续,或者由直辖市的区(县)司法行政机关向社会公告后办理注销手续。

第十三条 《基层法律服务所执业证》分正本和副本。正本应当悬挂于执业场所,副本用于接受查验。正本和副本具有同等的法律效力。执业证不得伪造、涂改、抵押、出租、出借。

第十四条 设区的市级或者直辖市的区(县)司法行政机关应当按年度将本地区基层法律服务所变更、注销的情况报省、自治区、直辖市司法行政机关备案。

第三章 工 作 制 度

第十五条 基层法律服务所应当依据本办法建立健全各项管理制度,完善工作运行机制。

第十六条 基层法律服务所设主任 1 名,根据需要可以设副主任。基层法律服务所主任,除应当取得基层法律服务工作者执业证外,还应当有 3 年以上从事基层法律服务工作或者基层司法行政工作的经历。

第十七条 基层法律服务所主任,应当经基层法律服务所民主推选或者按照有关规定产生。

第十八条 基层法律服务所主任为该所的法定代表人或者负责人,负责管理本所行政事务和组织开展业务工作,负责向所在地县级司法行政机关或者直辖市的区(县)司法行政机关报告工作。

第十九条 基层法律服务所应当建立基层法律服务工作者会议制度,民主管理本所重大事务,行使下列职权:

(一)制定本所发展规划和年度工作计划;

(二)制定本所管理规章制度;

(三)审议本所年度工作总结报告;

(四)审议本所年度预决算报告和重大财务开支项目;

(五)决定对本所基层法律服务工作者和辅助工作人员的奖惩;

(六)审议其他重要事项。

第二十条 基层法律服务所应当依法与在本所执业的基层法律服务工作者签订聘用合同或者劳动合同。

第二十一条 基层法律服务所应当建立健全执业管理、业务培训、投诉查处、人员奖惩等内部管理制度,对基层法律服务工作者加强职业道德和执业纪律教育,加强业务知识和技能的培训,加强执业活动的检查、监督。

第二十二条 基层法律服务所对违反职业道德、执业纪律,司法行政机关管理规定和本所章程、制度或者有其他违法行为的基层法律服务工作者,可以依据有关规定予以处分或者处理。

第二十三条 基层法律服务所根据工作需要,可以按照有关规定聘用文秘、财务、行政等辅助工作人员,依法签订聘用合同或者劳动合同。

辅助工作人员的聘用、变更情况,应当报所在地县级司法行政机关或者直辖市的区(县)司法行政机关备案。

第二十四条 基层法律服务所组织基层法律服务工作者开展业务活动,应当遵守下列要求:

（一）严格执行司法部关于基层法律服务业务范围、工作原则和服务程序的规定，建立统一收案、统一委派、疑难法律事务集体讨论、重要案件报告等制度；

（二）建立对基层法律服务工作者遵守职业道德、执业纪律和服务质量、效率的检查、监督、考评制度；

（三）接受国家、社会和委托人的监督；

（四）由基层法律服务所按照有关规定统一收取服务费，公开收费项目和收费标准，严格遵守基层法律服务收费管理制度；

（五）对符合规定条件的当事人提供法律援助；

（六）建立健全基层法律服务业务档案管理制度。

第二十五条 基层法律服务所应当按照规定建立健全财务管理制度，建立和实行合理的分配制度以及激励机制。

第二十六条 基层法律服务所应当根据本所收支情况和实际需要，留存用于事业发展、社会保障和奖励等事项的费用。

第二十七条 基层法律服务所应当按照国家和地方有关社会保障的政策和规定，为基层法律服务工作者和辅助工作人员办理社会保险。

第二十八条 基层法律服务所应当积极创造条件，加强办公用房、办公设施、办公装备的建设，不断改善执业条件，提高服务质量，提升工作效率。

第四章 检 查 监 督

第二十九条 设区的市级或者直辖市的区（县）司法行政机关应当每年对基层法律服务所进行年度考核。

对基层法律服务所进行年度考核的具体办法，由省、自治区、直辖市司法行政机关依据本办法和有关规定制定。

第三十条 基层法律服务所接受年度考核，应当提交下列材料：

（一）上年度本所工作总结报告和本年度工作计划；

（二）上年度本所财务报表；

（三）《基层法律服务所执业证》副本；

（四）司法行政机关要求提交的其他材料。

第三十一条　基层法律服务所的年度考核材料,经所在地县级司法行政机关审查后报送设区的市级司法行政机关审核,或者由直辖市的区(县)司法行政机关审核。

第三十二条　设区的市级或者直辖市的区(县)司法行政机关在年度考核中,对有本办法第三十六条所列行为、尚未处理的基层法律服务所,按照本办法第三十六条至第三十九条的规定进行处理。

在年度考核中,不符合本办法规定条件的基层法律服务所,应当在所在地县级司法行政机关或者直辖市的区(县)司法行政机关监督下,限期整改。期满后仍不符合本办法相关规定的,应当办理注销手续。

第三十三条　省、自治区、直辖市司法行政机关应当建立基层法律服务所和基层法律服务工作者信息管理系统,按照有关规定向社会公开基层法律服务所、基层法律服务工作者基本信息和年度考核结果、奖惩情况,并将基层法律服务所、基层法律服务工作者信用记录纳入本省、自治区、直辖市信用信息共享平台。

第三十四条　县级司法行政机关或者直辖市的区(县)司法行政机关对基层法律服务所的日常执业活动和内部管理工作进行指导和监督,可以按照有关规定对基层法律服务所进行检查,要求基层法律服务所报告工作、说明情况、提交有关材料。司法所可以根据县级司法行政机关或者直辖市的区(县)司法行政机关要求,承担对基层法律服务所进行指导监督的具体工作。

第三十五条　司法行政机关对工作成绩显著、队伍建设良好、管理制度完善的基层法律服务所,按照有关规定给予表彰奖励。

第三十六条　基层法律服务所有下列行为之一的,由所在地县级司法行政机关或者直辖市的区(县)司法行政机关予以警告;有违法所得的,依照法律、法规的规定没收违法所得,并由设区的市级或者直辖市的区(县)司法行政机关处以违法所得3倍以下的罚款,罚款数额最高为3万元:

(一)超越业务范围和诉讼代理执业区域的;

(二)违反规定不以基层法律服务所名义统一接受委托、统一收取服务费,不向委托人出具有效收费凭证的;

(三)冒用律师事务所名义执业的;

（四）以贬损他人、抬高自己、虚假承诺或者支付介绍费等不正当手段争揽业务的；

（五）伪造、涂改、抵押、出租、出借本所执业证的；

（六）违反规定变更本所名称、法定代表人或者负责人、合伙人、住所和章程的；

（七）不按规定接受年度考核，或者在年度考核中弄虚作假的；

（八）违反财务管理规定，私分、挪用或者以其他方式非法处置本所资产的；

（九）聘用未获准基层法律服务工作者执业的人员以基层法律服务工作者名义承办业务的；

（十）放纵、包庇本所基层法律服务工作者的违法违纪行为的；

（十一）内部管理混乱，无法正常开展业务的；

（十二）法律、法规、规章规定应予处罚的其他行为。

第三十七条 司法行政机关对基层法律服务所实施行政处罚，应当依照《中华人民共和国行政处罚法》和司法部有关规定进行。

第三十八条 基层法律服务所对行政处罚不服的，可以依照《中华人民共和国行政复议法》和司法部有关规定申请行政复议。

第三十九条 司法行政机关对基层法律服务所实施行政处罚的，应当按照有关规定追究其法定代表人或者负责人的责任。

第四十条 司法行政机关对基层法律服务所实施行政处罚的同时，应当责令其限期整改。期满后仍不能改正，不宜继续执业的，由设区的市级或者直辖市的区（县）司法行政机关予以注销。

第四十一条 司法行政机关应当建立对基层法律服务所的投诉监督制度，设立投诉电话、投诉信箱，受理公民、法人和其他非法人组织对基层法律服务所及其从业人员的投诉。

涉及委托人与基层法律服务所发生争议的投诉，由基层法律服务所所在地县级司法行政机关或者直辖市的区（县）司法行政机关予以调解处理；涉及基层法律服务所及其从业人员违法违纪的投诉，司法行政机关应当立案调查处理，并将查处结果告知投诉人。

第四十二条 上级司法行政机关认为下级司法行政机关在年度考核和

行政处罚工作中有错误或者不当的,应当及时责令其改正。

司法行政机关及其工作人员不履行管理职责或者侵犯基层法律服务所合法权益的,应当追究主管人员和直接责任人员的行政责任。

第五章 附 则

第四十三条 《基层法律服务所执业证》由司法部统一制作。

第四十四条 本办法由司法部负责解释。

第四十五条 本办法自2018年2月1日起施行。司法部此前制定的有关基层法律服务所管理的规章、规范性文件与本办法相抵触的,以本办法为准。

基层法律服务工作者管理办法

(2000年3月30日司法部令第60号公布
2017年12月25日司法部令第138号修订)

第一章 总 则

第一条 为加强对基层法律服务工作者的监督和管理,保障基层法律服务工作者依法执业,根据有关法律法规,制定本办法。

第二条 符合本办法规定的执业条件,经司法行政机关核准取得《基层法律服务工作者执业证》,在基层法律服务所执业,为社会提供法律服务的人员,是基层法律服务工作者。

第三条 基层法律服务工作者的职责是按照司法部规定的业务范围和

执业要求,开展法律服务,维护当事人合法权益,维护法律正确实施,促进社会稳定、经济发展和法治建设。

基层法律服务工作者依法执业受法律保护,任何组织和个人不得侵害其合法权益。

第四条 基层法律服务工作者应当把拥护中国共产党领导、拥护社会主义法治作为从业的基本要求。

第五条 司法行政机关依据本办法对基层法律服务工作者进行管理和指导。

第二章 执业条件

第六条 申请基层法律服务工作者执业,应当具备下列条件:

(一)拥护中华人民共和国宪法;

(二)高等学校法律专业本科毕业,参加省、自治区、直辖市司法行政机关组织的考试合格;

(三)品行良好;

(四)身体健康;

(五)在基层法律服务所实习满1年,但具有2年以上其他法律职业经历的除外。

各省、自治区、直辖市的自治县(旗),国务院审批确定的国家扶贫开发工作重点县,西部地区省、自治区、直辖市所辖县,可以将前款第二项规定的学历专业条件放宽为高等学校法律专业专科毕业,或者非法律专业本科毕业并具有法律专业知识。

第七条 具有法律职业资格或者曾经取得基层法律服务工作者执业资格的人员,符合本办法第六条第一款第一、三、四、五项规定的,也可以申请基层法律服务工作者执业核准。

第八条 有下列情形之一的人员,不得参加本办法第六条第一款第二项规定的考试或者申请执业核准:

(一)因故意犯罪受到刑事处罚的;

(二)被开除公职的;

(三)无民事行为能力或者限制民事行为能力的。

第三章 执业核准

第九条 设区的市级或者直辖市的区(县)司法行政机关负责基层法律服务工作者执业核准,颁发《基层法律服务工作者执业证》。

第十条 申请基层法律服务工作者执业核准的,应当填写申请执业登记表,并提交下列材料:

(一)符合本办法第六条规定的学历证书和考试合格证明,或者第七条规定的资格证书;

(二)基层法律服务所对申请人实习表现的鉴定意见,或者具有2年以上其他法律职业经历的证明;

(三)基层法律服务所出具的同意接收申请人的证明;

(四)申请人的身份证明。

第十一条 申请执业核准材料,由拟聘用申请人的基层法律服务所提交所在地县级司法行政机关审查,由其出具审查意见后报设区的市级司法行政机关审核,或者由拟聘用申请人的基层法律服务所报所在地直辖市的区(县)司法行政机关审核。

第十二条 执业核准机关应当自决定受理申请之日起20日内完成审核,作出准予执业核准或者不准予执业核准的书面决定。不准予执业核准的,应当在决定中说明理由。

对准予执业核准的申请人,由执业核准机关颁发《基层法律服务工作者执业证》。

申请人对不准予执业核准决定有异议的,可以依照《中华人民共和国行政复议法》和司法部有关规定申请行政复议。

第十三条 对有下列情形之一的申请执业核准的人员,司法行政机关应当作出不准予执业核准的决定:

(一)具有本办法第八条规定情形之一的;

(二)曾因严重违法违纪违规行为被基层法律服务所解除聘用合同或者劳动合同的;

（三）曾被吊销律师执业证书或者受到停止执业处罚期限未满的；

（四）具有法律职业资格或者律师资格、公证员资格并已在律师事务所或者公证机构执业的。

第十四条 符合本办法第六条或者第七条规定的条件，在教育科研部门工作、民营企业工作或者务农的人员，经基层法律服务所聘用，可以兼职从事基层法律服务工作，但在教育科研部门工作的人员按照有关规定不得兼职的除外。申请兼职基层法律服务者执业核准，按照本办法规定的条件和程序办理。

基层法律服务所聘用兼职基层法律服务工作者的人数，不得超过专职基层法律服务工作者的人数。

第十五条 基层法律服务工作者变更执业机构的，持与原执业的基层法律服务所解除聘用关系、劳动关系的证明和拟变更的基层法律服务所同意接收的证明，按照本办法规定的程序，申请更换《基层法律服务工作者执业证》。

有下列情形之一的，基层法律服务工作者不得变更执业机构：

（一）本人承办的业务或者工作交接手续尚未办结的；

（二）本人与所在基层法律服务所尚存在债权债务关系的；

（三）本人有正在接受调查处理的违反执业纪律的行为。

第十六条 基层法律服务工作者有下列情形之一的，由执业核准机关注销并收回《基层法律服务工作者执业证》：

（一）因严重违法违纪违规行为被基层法律服务所解除聘用合同或者劳动合同的；

（二）因与基层法律服务所解除聘用合同、劳动合同或者所在的基层法律服务所被注销，在6个月内未被其他基层法律服务所聘用的；

（三）因本人申请注销的；

（四）因其他原因停止执业的。

第十七条 基层法律服务工作者应当妥善保管《基层法律服务工作者执业证》，不得伪造、涂改、抵押、出借、出租。

《基层法律服务工作者执业证》遗失或者损坏无法使用的，持证人应当立即向所在地县级司法行政机关或者直辖市的区（县）司法行政机关申请办理补发或更换手续。

第四章 人员管理

第十八条 基层法律服务所应当依法与在本所执业的基层法律服务工作者签订聘用合同或者劳动合同。

第十九条 基层法律服务所应当为基层法律服务工作者执业提供必要的工作条件,维护其在执业活动和本所管理工作中应享有的合法权利,保障其应享有的劳动报酬、保险和福利待遇。

第二十条 基层法律服务所应当建立对基层法律服务工作者执业实绩和遵守职业道德、执业纪律情况的年度考核制度。

年度考核结果分为优秀、称职、基本称职、不称职四个等次。年度考核结果应当作为对基层法律服务工作者奖惩的依据。

第二十一条 基层法律服务所对年度考核被评为优秀或者在平时执业中有突出事迹或者显著贡献的基层法律服务工作者,应当给予奖励。

对事迹特别突出的,可以报请有关司法行政机关给予表彰。

第二十二条 基层法律服务所对违反职业道德和执业纪律,违反司法行政机关管理规定和本所章程、制度或者有其他违法行为的基层法律服务工作者,可以按照有关规定予以处分或者处理。

第二十三条 基层法律服务工作者有下列情形之一的,基层法律服务所可以按照有关规定解除聘用合同或者劳动合同:

(一)在年度考核中连续 2 年被评为不称职的;

(二)严重违反本所规章制度,经多次教育仍不改正的;

(三)无正当理由连续停止执业满 3 个月的;

(四)因患病或者非因公负伤,在规定的医疗期满后不能从事基层法律服务工作的。

基层法律服务所按照前款规定与基层法律服务工作者解除聘用合同或者劳动合同的,应当报所在地县级司法行政机关备案,并按照规定程序办理注销手续。

第二十四条 基层法律服务所和基层法律服务工作者对履行聘用合同

发生争议的,可以提请所在地的县级司法行政机关或者直辖市的区(县)司法行政机关进行调解处理。

第五章 执业权利和义务

第二十五条 基层法律服务工作者应当遵守宪法和法律,恪守职业道德和执业纪律,做到依法执业、诚信执业、规范执业。

基层法律服务工作者执业应当以事实为依据,以法律为准绳。

基层法律服务工作者应当接受国家、社会和当事人的监督。

第二十六条 基层法律服务工作者可以从事下列业务:

(一)担任法律顾问;

(二)代理参加民事、行政诉讼活动;

(三)代理非诉讼法律事务;

(四)接受委托,参加调解、仲裁活动;

(五)解答法律咨询;

(六)代写法律事务文书。

第二十七条 基层法律服务工作者办理本办法第二十六条第二项规定的业务,应当符合下列条件之一:

(一)至少有一方当事人的住所位于其执业的基层法律服务所所在的县级行政区划辖区或者直辖市的区(县)行政区划辖区内。

(二)案件由其执业的基层法律服务所所在的县级行政区划辖区或者直辖市的区(县)行政区划辖区内的基层人民法院审理;该案进入二审、审判监督程序的,可以继续接受原当事人的委托,担任诉讼代理人。

省、自治区、直辖市司法行政机关根据本地实际,认为确有必要的,可以适当调整前款第一项规定的条件。

第二十八条 基层法律服务工作者持基层法律服务所出具的介绍信、当事人的委托书和《基层法律服务工作者执业证》,经有关单位或者个人同意,可以依法向其调查、收集与承办法律事务有关的证据材料;依法查阅所代理案件有关材料。

第二十九条 基层法律服务工作者对坚持非法要求、故意隐瞒重大事实、提供虚假证据或者严重违反委托合同约定义务的当事人,可以拒绝为其代理或者解除委托关系。

第三十条　基层法律服务工作者在执业中发现本地区政府机关、基层群众性自治组织、企业事业单位、社会组织在执行法律、法规和规章方面存在问题的,可以向其提出法律服务建议。

第三十一条　基层法律服务工作者在执业期间,有权获得执业所需的工作条件,参加政治学习和业务培训,参与本所民主管理,获得劳动报酬和享受保险、福利待遇。

第三十二条　基层法律服务工作者对违反本办法第三十一条规定,或者侵犯其执业权利的行为,可以请求司法行政机关、基层法律服务行业协会依法予以保障其合法权益。

第三十三条　基层法律服务工作者应当遵守基层法律服务所统一收案、统一委派、统一收费的相关规定。

第三十四条　基层法律服务工作者应当按照有关规定履行法律援助义务。

第三十五条　基层法律服务工作者在执业过程中应当遵守司法、仲裁和行政执法活动的有关制度,尊重司法机关、仲裁委员会和行政执法机关及其工作人员依法行使职权。

曾担任法官的基层法律服务工作者,不得担任原任职法院办理案件的诉讼代理人。

第三十六条　基层法律服务工作者应当尊重同行,同业互助,公平竞争,共同提高执业水平。

第三十七条　基层法律服务工作者应当保守在执业活动中知悉的国家秘密、商业秘密和个人隐私。

第三十八条　基层法律服务工作者应当爱岗敬业、坚持原则、诚实守信、举止文明、廉洁自律,自觉维护执业声誉和社会形象。

第三十九条　基层法律服务工作者应当勤奋学习,加强职业修养,积极参加司法行政机关组织的业务培训,不断提高专业水平和服务技能。

第六章　检查监督

第四十条　设区的市级或者直辖市的区(县)司法行政机关应当对基层

法律服务工作者进行年度考核。

对基层法律服务工作者进行年度考核的具体办法,由省、自治区、直辖市司法行政机关依据本办法和有关规定确定。

第四十一条 基层法律服务工作者参加年度考核,应当提交下列材料:

(一)上年度执业情况和遵守职业道德、执业纪律情况的个人总结;

(二)基层法律服务所出具的执业表现年度考核意见;

(三)《基层法律服务工作者执业证》。

第四十二条 基层法律服务工作者年度考核材料,由基层法律服务所报经所在地县级司法行政机关审查后报设区的市级司法行政机关审核,或者由基层法律服务所报所在地直辖市的区(县)司法行政机关审核。

第四十三条 设区的市级或者直辖市的区(县)司法行政机关在年度考核中,对有本办法第四十六条所列行为、尚未处理的基层法律服务工作者,按照本办法第四十六条至第四十八条的规定进行处理。

第四十四条 县级司法行政机关或者直辖市的区(县)司法行政机关对基层法律服务工作者的日常执业活动和遵守职业道德、执业纪律的情况进行指导和监督,可以按照有关规定对基层法律服务工作者的执业情况进行检查,要求有关人员报告工作、说明情况、提交有关材料。司法所可以根据县级司法行政机关或者直辖市的区(县)司法行政机关要求,承担对基层法律服务工作者进行指导监督的具体工作。

第四十五条 司法行政机关对有突出事迹或者显著贡献的基层法律服务工作者,按照有关规定给予表彰奖励。

第四十六条 基层法律服务工作者有下列行为之一的,由所在地县级司法行政机关或者直辖市的区(县)司法行政机关予以警告;有违法所得的,依照法律、法规的规定没收违法所得,并由设区的市级或者直辖市的区(县)司法行政机关处以违法所得3倍以下的罚款,罚款数额最高为3万元:

(一)超越业务范围和诉讼代理执业区域的;

(二)以贬损他人、抬高自己、虚假承诺或者支付介绍费等不正当手段争揽业务的;

(三)曾担任法官的基层法律服务工作者,担任原任职法院办理案件的诉讼代理人的;

（四）冒用律师名义执业的；

（五）同时在基层法律服务所和律师事务所或者公证机构执业，或者同时在2个以上基层法律服务所执业的；

（六）无正当理由拒绝履行法律援助义务的；

（七）明知委托人的要求是非法的、欺诈性的，仍为其提供帮助的；

（八）在代理活动中超越代理权限或者滥用代理权，侵犯被代理人合法利益的；

（九）在同一诉讼、仲裁、行政裁决中，为双方当事人或者有利害关系的第三人代理的；

（十）不遵守与当事人订立的委托合同，拒绝或者疏怠履行法律服务义务，损害委托人合法权益的；

（十一）在调解、代理、法律顾问等执业活动中压制、侮辱、报复当事人，造成恶劣影响的；

（十二）不按规定接受年度考核，或者在年度考核中弄虚作假的；

（十三）泄露在执业活动中知悉的商业秘密或者个人隐私的；

（十四）以影响案件审判、仲裁或者行政裁定结果为目的，违反规定会见有关司法、仲裁或者行政执法人员，或者向其请客送礼的；

（十五）私自接受委托承办法律事务，或者私自收取费用，或者向委托人索要额外报酬的；

（十六）在代理活动中收受对方当事人、利害关系人财物或者与其恶意串通，损害委托人合法权益的；

（十七）违反司法、仲裁、行政执法工作有关制度规定，干扰或者阻碍司法、仲裁、行政执法工作正常进行的；

（十八）泄露在执业活动中知悉的国家秘密的；

（十九）伪造、隐匿、毁灭证据或者故意协助委托人伪造、隐匿、毁灭证据的；

（二十）向有关司法人员、仲裁员或者行政执法人员行贿、介绍贿赂，或者指使、诱导委托人向其行贿的；

（二十一）法律、法规、规章规定应予处罚的其他行为。

司法行政机关对基层法律服务工作者实施上述行政处罚的同时，应当责令其改正。

第四十七条 司法行政机关对基层法律服务工作者实施行政处罚,应当依照《中华人民共和国行政处罚法》和司法部有关规定进行。

第四十八条 基层法律服务工作者对行政处罚不服的,可以依照《中华人民共和国行政复议法》和司法部有关规定申请行政复议。

第四十九条 基层法律服务工作者有下列情形之一的,基层法律服务所可以按照有关规定解除聘用合同或者劳动合同:

(一)有本办法第四十六条第一款第十三至第十七项规定行为,情节严重的;

(二)有本办法第四十六条第一款第十八、十九、二十项规定行为之一的;

(三)因故意犯罪受到刑事处罚的。

第五十条 司法行政机关应当建立对基层法律服务工作者执业的投诉监督制度,设立投诉电话、投诉信箱,受理当事人和其他公民对基层法律服务工作者违法违纪行为的投诉,将调查处理结果告知投诉人。

第五十一条 上级司法行政机关认为下级司法行政机关在执业核准、年度考核和行政处罚工作中有错误或者不当的,应当及时责令其纠正。

司法行政机关不履行管理职责或者干涉基层法律服务工作者执业、侵犯其合法权益的,应当追究主管人员和直接责任人员的行政责任。

第七章 附 则

第五十二条 省、自治区、直辖市司法行政机关应当从解决乡镇和欠发达地区律师资源不足问题、满足基层人民群众的法律服务需求出发,制定本地区基层法律服务队伍发展方案。

第五十三条 《基层法律服务工作者执业证》由司法部统一制作。

第五十四条 本办法由司法部负责解释。

第五十五条 本办法自2018年2月1日起施行。司法部此前制定的有关基层法律服务工作者管理的规章、规范性文件与本办法相抵触的,以本办法为准。

办理法律援助案件程序规定

(2012年4月9日司法部令第124号公布
2023年7月11日司法部令第148号修订)

第一章 总 则

第一条 为了规范办理法律援助案件程序,保证法律援助质量,根据《中华人民共和国法律援助法》、《法律援助条例》等有关法律、行政法规的规定,制定本规定。

第二条 法律援助机构组织办理法律援助案件,律师事务所、基层法律服务所和法律援助人员承办法律援助案件,适用本规定。

本规定所称法律援助人员,是指接受法律援助机构的指派或者安排,依法为经济困难公民和符合法定条件的其他当事人提供法律援助服务的律师、基层法律服务工作者、法律援助志愿者以及法律援助机构中具有律师资格或者法律职业资格的工作人员等。

第三条 办理法律援助案件应当坚持中国共产党领导,坚持以人民为中心,尊重和保障人权,遵循公开、公平、公正的原则。

第四条 法律援助机构应当建立健全工作机制,加强信息化建设,为公民获得法律援助提供便利。

法律援助机构为老年人、残疾人提供法律援助服务的,应当根据实际情况提供无障碍设施设备和服务。

第五条 法律援助人员应当依照法律、法规及本规定,遵守有关法律服务业务规程,及时为受援人提供符合标准的法律援助服务,维护受援人的合法权益。

第六条　法律援助人员应当恪守职业道德和执业纪律，自觉接受监督，不得向受援人收取任何财物。

第七条　法律援助机构、法律援助人员对提供法律援助过程中知悉的国家秘密、商业秘密和个人隐私应当予以保密。

第二章　申请与受理

第八条　法律援助机构应当向社会公布办公地址、联系方式等信息，在接待场所和司法行政机关政府网站公示并及时更新法律援助条件、程序、申请材料目录和申请示范文本等。

第九条　法律援助机构组织法律援助人员，依照有关规定和服务规范要求提供法律咨询、代拟法律文书、值班律师法律帮助。法律援助人员在提供法律咨询、代拟法律文书、值班律师法律帮助过程中，对可能符合代理或者刑事辩护法律援助条件的，应当告知其可以依法提出申请。

第十条　对诉讼事项的法律援助，由申请人向办案机关所在地的法律援助机构提出申请；对非诉讼事项的法律援助，由申请人向争议处理机关所在地或者事由发生地的法律援助机构提出申请。

申请人就同一事项向两个以上有管辖权的法律援助机构提出申请的，由最先收到申请的法律援助机构受理。

第十一条　因经济困难申请代理、刑事辩护法律援助的，申请人应当如实提交下列材料：

（一）法律援助申请表；

（二）居民身份证或者其他有效身份证明，代为申请的还应当提交有代理权的证明；

（三）经济困难状况说明表，如有能够说明经济状况的证件或者证明材料，可以一并提供；

（四）与所申请法律援助事项有关的其他材料。

填写法律援助申请表、经济困难状况说明表确有困难的，由法律援助机构工作人员或者转交申请的机关、单位工作人员代为填写，申请人确认无误后签名或者按指印。

符合《中华人民共和国法律援助法》第三十二条规定情形的当事人申请代理、刑事辩护法律援助的,应当提交第一款第一项、第二项、第四项规定的材料。

第十二条 被羁押的犯罪嫌疑人、被告人、服刑人员以及强制隔离戒毒人员等提出法律援助申请的,可以通过办案机关或者监管场所转交申请。办案机关、监管场所应当在二十四小时内将申请材料转交法律援助机构。

犯罪嫌疑人、被告人通过值班律师提出代理、刑事辩护等法律援助申请的,值班律师应当在二十四小时内将申请材料转交法律援助机构。

第十三条 法律援助机构对申请人提出的法律援助申请,应当根据下列情况分别作出处理:

(一)申请人提交的申请材料符合规定的,应当予以受理,并向申请人出具收到申请材料的书面凭证,载明收到申请材料的名称、数量、日期等。

(二)申请人提交的申请材料不齐全,应当一次性告知申请人需要补充的全部内容,或者要求申请人作出必要的说明。申请人未按要求补充材料或者作出说明的,视为撤回申请。

(三)申请事项不属于本法律援助机构受理范围的,应当告知申请人向有管辖权的法律援助机构申请或者向有关部门申请处理。

第三章 审 查

第十四条 法律援助机构应当对法律援助申请进行审查,确定是否具备下列条件:

(一)申请人系公民或者符合法定条件的其他当事人;
(二)申请事项属于法律援助范围;
(三)符合经济困难标准或者其他法定条件。

第十五条 法律援助机构核查申请人的经济困难状况,可以通过信息共享查询,或者由申请人进行个人诚信承诺。

法律援助机构开展核查工作,可以依法向有关部门、单位、村民委员会、居民委员会或者个人核实有关情况。

第十六条　受理申请的法律援助机构需要异地核查有关情况的,可以向核查事项所在地的法律援助机构请求协作。

法律援助机构请求协作的,应当向被请求的法律援助机构发出协作函件,说明基本情况、需要核查的事项、办理时限等。被请求的法律援助机构应当予以协作。因客观原因无法协作的,应当及时向请求协作的法律援助机构书面说明理由。

第十七条　法律援助机构应当自收到法律援助申请之日起七日内进行审查,作出是否给予法律援助的决定。

申请人补充材料、作出说明所需的时间,法律援助机构请求异地法律援助机构协作核查的时间,不计入审查期限。

第十八条　法律援助机构经审查,对于有下列情形之一的,应当认定申请人经济困难:

(一)申请人及与其共同生活的家庭成员符合受理的法律援助机构所在省、自治区、直辖市人民政府规定的经济困难标准的;

(二)申请事项的对方当事人是与申请人共同生活的家庭成员,申请人符合受理的法律援助机构所在省、自治区、直辖市人民政府规定的经济困难标准的;

(三)符合《中华人民共和国法律援助法》第四十二条规定,申请人所提交材料真实有效的。

第十九条　法律援助机构经审查,对符合法律援助条件的,应当决定给予法律援助,并制作给予法律援助决定书;对不符合法律援助条件的,应当决定不予法律援助,并制作不予法律援助决定书。

不予法律援助决定书应当载明不予法律援助的理由及申请人提出异议的途径和方式。

第二十条　给予法律援助决定书或者不予法律援助决定书应当发送申请人;属于《中华人民共和国法律援助法》第三十九条规定情形的,法律援助机构还应当同时函告有关办案机关、监管场所。

第二十一条　法律援助机构依据《中华人民共和国法律援助法》第四十四条规定先行提供法律援助的,受援人应当在法律援助机构要求的时限内补办有关手续,补充有关材料。

第二十二条 申请人对法律援助机构不予法律援助的决定有异议的,应当自收到决定之日起十五日内向设立该法律援助机构的司法行政机关提出。

第二十三条 司法行政机关应当自收到异议之日起五日内进行审查,认为申请人符合法律援助条件的,应当以书面形式责令法律援助机构对该申请人提供法律援助,同时书面告知申请人;认为申请人不符合法律援助条件的,应当作出维持法律援助机构不予法律援助的决定,书面告知申请人并说明理由。

申请人对司法行政机关维持法律援助机构决定不服的,可以依法申请行政复议或者提起行政诉讼。

第四章 指 派

第二十四条 法律援助机构应当自作出给予法律援助决定之日起三日内依法指派律师事务所、基层法律服务所安排本所律师或者基层法律服务工作者,或者安排本机构具有律师资格或者法律职业资格的工作人员承办法律援助案件。

对于通知辩护或者通知代理的刑事法律援助案件,法律援助机构收到人民法院、人民检察院、公安机关要求指派律师的通知后,应当在三日内指派律师承办法律援助案件,并通知人民法院、人民检察院、公安机关。

第二十五条 法律援助机构应当根据本机构、律师事务所、基层法律服务所的人员数量、专业特长、执业经验等因素,合理指派承办机构或者安排法律援助机构工作人员承办案件。

律师事务所、基层法律服务所收到指派后,应当及时安排本所律师、基层法律服务工作者承办法律援助案件。

第二十六条 对可能被判处无期徒刑、死刑的人,以及死刑复核案件的被告人,法律援助机构收到人民法院、人民检察院、公安机关通知后,应当指派具有三年以上刑事辩护经历的律师担任辩护人。

对于未成年人刑事案件,法律援助机构收到人民法院、人民检察院、公安机关通知后,应当指派熟悉未成年人身心特点的律师担任辩护人。

第二十七条 法律援助人员所属单位应当自安排或者收到指派之日起五日内与受援人或者其法定代理人、近亲属签订委托协议和授权委托书,但因受援人原因或者其他客观原因无法按时签订的除外。

第二十八条 法律援助机构已指派律师为犯罪嫌疑人、被告人提供辩护,犯罪嫌疑人、被告人的监护人或者近亲属又代为委托辩护人,犯罪嫌疑人、被告人决定接受委托辩护的,律师应当及时向法律援助机构报告。法律援助机构按照有关规定进行处理。

第五章 承 办

第二十九条 律师承办刑事辩护法律援助案件,应当依法及时会见犯罪嫌疑人、被告人,了解案件情况并制作笔录。笔录应当经犯罪嫌疑人、被告人确认无误后签名或者按指印。犯罪嫌疑人、被告人无阅读能力的,律师应当向犯罪嫌疑人、被告人宣读笔录,并在笔录上载明。

对于通知辩护的案件,律师应当在首次会见犯罪嫌疑人、被告人时,询问是否同意为其辩护,并记录在案。犯罪嫌疑人、被告人不同意的,律师应当书面告知人民法院、人民检察院、公安机关和法律援助机构。

第三十条 法律援助人员承办刑事代理、民事、行政等法律援助案件,应当约见受援人或者其法定代理人、近亲属,了解案件情况并制作笔录,但因受援人原因无法按时约见的除外。

法律援助人员首次约见受援人或者其法定代理人、近亲属时,应当告知下列事项:

(一)法律援助人员的代理职责;

(二)发现受援人可能符合司法救助条件的,告知其申请方式和途径;

(三)本案主要诉讼风险及法律后果;

(四)受援人在诉讼中的权利和义务。

第三十一条 法律援助人员承办案件,可以根据需要依法向有关单位或者个人调查与承办案件有关的情况,收集与承办案件有关的材料,并可以根据需要请求法律援助机构出具必要的证明文件或者与有关机关、单位进行协调。

法律援助人员认为需要异地调查情况、收集材料的,可以向作出指派或者安排的法律援助机构报告。法律援助机构可以按照本规定第十六条向调查事项所在地的法律援助机构请求协作。

第三十二条 法律援助人员可以帮助受援人通过和解、调解及其他非诉讼方式解决纠纷,依法最大限度维护受援人合法权益。

法律援助人员代理受援人以和解或者调解方式解决纠纷的,应当征得受援人同意。

第三十三条 对处于侦查、审查起诉阶段的刑事辩护法律援助案件,承办律师应当积极履行辩护职责,在办案期限内依法完成会见、阅卷,并根据案情提出辩护意见。

第三十四条 对于开庭审理的案件,法律援助人员应当做好开庭前准备;庭审中充分发表意见、举证、质证;庭审结束后,应当向人民法院或者劳动人事争议仲裁机构提交书面法律意见。

对于不开庭审理的案件,法律援助人员应当在会见或者约见受援人、查阅案卷材料、了解案件主要事实后,及时向人民法院提交书面法律意见。

第三十五条 法律援助人员应当向受援人通报案件办理情况,答复受援人询问,并制作通报情况记录。

第三十六条 法律援助人员应当按照法律援助机构要求报告案件承办情况。

法律援助案件有下列情形之一的,法律援助人员应当向法律援助机构报告:

(一)主要证据认定、适用法律等方面存在重大疑义的;
(二)涉及群体性事件的;
(三)有重大社会影响的;
(四)其他复杂、疑难情形。

第三十七条 受援人有证据证明法律援助人员未依法履行职责的,可以请求法律援助机构更换法律援助人员。

法律援助机构应当自受援人申请更换之日起五日内决定是否更换。决定更换的,应当另行指派或者安排人员承办。对犯罪嫌疑人、被告人具有应当通知辩护情形,人民法院、人民检察院、公安机关决定为其另行通知辩护的,法律援助机构应当另行指派或者安排人员承办。法律援助机构应当及时将变更情况通知办案机关。

更换法律援助人员的,原法律援助人员所属单位应当与受援人解除或者变更委托协议和授权委托书,原法律援助人员应当与更换后的法律援助人员办理案件材料移交手续。

第三十八条 法律援助人员在承办案件过程中,发现与本案存在利害关系或者因客观原因无法继续承办案件的,应当向法律援助机构报告。法律援助机构认为需要更换法律援助人员的,按照本规定第三十七条办理。

第三十九条 存在《中华人民共和国法律援助法》第四十八条规定情形,法律援助机构决定终止法律援助的,应当制作终止法律援助决定书,并于三日内,发送受援人、通知法律援助人员所属单位并函告办案机关。

受援人对法律援助机构终止法律援助的决定有异议的,按照本规定第二十二条、第二十三条办理。

第四十条 法律援助案件办理结束后,法律援助人员应当及时向法律援助机构报告,并自结案之日起三十日内向法律援助机构提交结案归档材料。

刑事诉讼案件侦查阶段应以承办律师收到起诉意见书或撤销案件的相关法律文书之日为结案日;审查起诉阶段应以承办律师收到起诉或不起诉决定书之日为结案日;审判阶段应以承办律师收到判决书、裁定书、调解书之日为结案日。其他诉讼案件以法律援助人员收到判决书、裁定书、调解书之日为结案日。劳动争议仲裁案件或者行政复议案件以法律援助人员收到仲裁裁决书、行政复议决定书之日为结案日。其他非诉讼法律事务以受援人与对方当事人达成和解、调解协议之日为结案日。无相关文书的,以义务人开始履行义务之日为结案日。法律援助机构终止法律援助的,以法律援助人员所属单位收到终止法律援助决定书之日为结案日。

第四十一条 法律援助机构应当自收到法律援助人员提交的结案归档材料之日起三十日内进行审查。对于结案归档材料齐全规范的,应当及时向法律援助人员支付法律援助补贴。

第四十二条 法律援助机构应当对法律援助案件申请、审查、指派等材料以及法律援助人员提交的结案归档材料进行整理,一案一卷,统一归档管理。

第六章 附 则

第四十三条 法律援助机构、律师事务所、基层法律服务所和法律援助人员从事法律援助活动违反本规定的，依照《中华人民共和国法律援助法》、《中华人民共和国律师法》、《法律援助条例》、《律师和律师事务所违法行为处罚办法》等法律、法规和规章的规定追究法律责任。

第四十四条 本规定中期间开始的日，不算在期间以内。期间的最后一日是节假日的，以节假日后的第一日为期满日期。

第四十五条 法律援助文书格式由司法部统一规定。

第四十六条 本规定自2023年9月1日起施行。司法部2012年4月9日公布的《办理法律援助案件程序规定》（司法部令第124号）同时废止。

未成年人法律援助服务指引（试行）

（2020年9月16日司法部公共法律服务管理局、中华全国律师协会发布试行 司公通〔2020〕12号）

第一章 总 则

第一条 为有效保护未成年人合法权益，加强未成年人法律援助工作，规范未成年人法律援助案件的办理，依据《中华人民共和国民事诉讼法》《中华人民共和国刑事诉讼法》《中华人民共和国未成年人保护法》《法律援助条例》等法律、法规、规范性文件，制定本指引。

第二条 法律援助承办机构及法律援助承办人员办理未成年人法律援

助案件,应当遵守《全国民事行政法律援助服务规范》《全国刑事法律援助服务规范》,参考本指引规定的工作原则和办案要求,提高未成年人法律援助案件的办案质量。

第三条 本指引适用于法律援助承办机构、法律援助承办人员办理性侵害未成年人法律援助案件、监护人侵害未成年人权益法律援助案件、学生伤害事故法律援助案件和其他侵害未成年人合法权益的法律援助案件。

其他接受委托办理涉及未成年人案件的律师,可以参照执行。

第四条 未成年人法律援助工作应当坚持最有利于未成年人的原则,遵循给予未成年人特殊、优先保护,尊重未成年人人格尊严,保护未成年人隐私权和个人信息,适应未成年人身心发展的规律和特点,听取未成年人的意见,保护与教育相结合等原则;兼顾未成年犯罪嫌疑人、被告人、被害人权益的双向保护,避免未成年人受到二次伤害,加强跨部门多专业合作,积极寻求相关政府部门、专业机构的支持。

第二章 基本要求

第五条 法律援助机构指派未成年人案件时,应当优先指派熟悉未成年人身心特点、熟悉未成年人法律业务的承办人员。未成年人为女性的性侵害案件,应当优先指派女性承办人员办理。重大社会影响或疑难复杂案件,法律援助机构可以指导、协助法律援助承办人员向办案机关寻求必要支持。有条件的地区,法律援助机构可以建立未成年人法律援助律师团队。

第六条 法律援助承办人员应当在收到指派通知书之日起5个工作日内会见受援未成年人及其法定代理人(监护人)或近亲属并进行以下工作:

(一)了解案件事实经过、司法程序处理背景、争议焦点和诉讼时效、受援未成年人及其法定代理人(监护人)诉求、案件相关证据材料及证据线索等基本情况;

(二)告知其法律援助承办人员的代理、辩护职责、受援未成年人及其法定代理人(监护人)在诉讼中的权利和义务、案件主要诉讼风险及法律后果;

(三)发现未成年人遭受暴力、虐待、遗弃、性侵害等侵害的,可以向公安机关进行报告,同时向法律援助机构报备,可以为其寻求救助庇护和专业帮助提供协助；

（四）制作谈话笔录，并由受援未成年人及其法定代理人（监护人）或近亲属共同签名确认。未成年人无阅读能力或尚不具备理解认知能力的，法律援助承办人员应当向其宣读笔录，由其法定代理人（监护人）或近亲属代签，并在笔录上载明；

（五）会见受援未成年人时，其法定代理人（监护人）或近亲属至少应有一人在场，会见在押未成年人犯罪嫌疑人、被告人除外；会见受援未成年人的法定代理人（监护人）时，如有必要，受援未成年人可以在场。

第七条　法律援助承办人员办理未成年人案件的工作要求：

（一）与未成年人沟通时不得使用批评性、指责性、侮辱性以及有损人格尊严等性质的语言；

（二）会见未成年人，优先选择未成年人住所或者其他让未成年人感到安全的场所；

（三）会见未成年当事人或未成年证人，应当通知其法定代理人（监护人）或者其他成年亲属等合适成年人到场；

（四）保护未成年人隐私权和个人信息，不得公开涉案未成年人和未成年被害人的姓名、影像、住所、就读学校以及其他可能推断、识别身份信息的其他资料信息；

（五）重大、复杂、疑难案件，应当提请律师事务所或法律援助机构集体讨论，提请律师事务所讨论的，应当将讨论结果报告法律援助机构。

第三章　办理性侵害未成年人案件

第八条　性侵害未成年人犯罪，包括刑法第二百三十六条、第二百三十七条、第三百五十八条、第三百五十九条规定的针对未成年人实施的强奸罪，猥亵他人罪，猥亵儿童罪，组织卖淫罪，强迫卖淫罪，引诱、容留、介绍卖淫罪，引诱幼女卖淫罪等案件。

第九条　法律援助承办人员办理性侵害未成年人案件的工作要求：

（一）法律援助承办人员需要询问未成年被害人的，应当采取和缓、科学的询问方式，以一次、全面询问为原则，尽可能避免反复询问。法律援助承

办人员可以建议办案机关在办理案件时,推行全程录音录像制度,以保证被害人陈述的完整性、准确性和真实性;

(二)法律援助承办人员应当向未成年被害人及其法定代理人(监护人)释明刑事附带民事诉讼的受案范围,协助未成年被害人提起刑事附带民事诉讼。法律援助承办人员应当根据未成年被害人的诉讼请求,指引、协助未成年被害人准备证据材料;

(三)法律援助承办人员办理性侵害未成年人案件时,应当于庭审前向人民法院确认案件不公开审理。

第十条 法律援助承办人员发现公安机关在办理性侵害未成年人犯罪案件应当立案而不立案的,可以协助未成年被害人及其法定代理人(监护人)向人民检察院申请立案监督或协助向人民法院提起自诉。

第十一条 法律援助承办人员可以建议办案机关对未成年被害人的心理伤害程度进行社会评估,辅以心理辅导、司法救助等措施,修复和弥补未成年被害人身心伤害;发现未成年被害人存在心理、情绪异常的,应当告知其法定代理人(监护人)为其寻求专业心理咨询与疏导。

第十二条 对于低龄被害人、证人的陈述的证据效力,法律援助承办人员可以建议办案机关结合被害人、证人的心智发育程度、表达能力,以及所处年龄段未成年人普遍的表达能力和认知能力进行客观的判断,对待证事实与其年龄、智力状况或者精神健康状况相适应的未成年人陈述、证言,应当建议办案机关依法予以采信,不能轻易否认其证据效力。

第十三条 在未成年被害人、证人确有必要出庭的案件中,法律援助承办人员应当建议人民法院采取必要保护措施,不暴露被害人、证人的外貌、真实声音,有条件的可以采取视频等方式播放被害人的陈述、证人证言,避免未成年被害人、证人与被告人接触。

第十四条 庭审前,法律援助承办人员应当认真做好下列准备工作:

(一)在举证期限内向人民法院提交证据清单及证据,准备证据材料;

(二)向人民法院确认是否存在证人、鉴定人等出庭作证情况,拟定对证人、鉴定人的询问提纲;

(三)向人民法院确认刑事附带民事诉讼被告人是否有证据提交,拟定质证意见;

（四）拟定对证言笔录、鉴定人的鉴定意见、勘验笔录和其他作为证据的文书的质证意见；

（五）准备辩论意见；

（六）向被害人及其法定代理人（监护人）了解是否有和解或调解方案，并充分向被害人及其法定代理人（监护人）进行法律释明后，向人民法院递交方案；

（七）向被害人及其法定代理人（监护人）介绍庭审程序，使其了解庭审程序、庭审布局和有关注意事项。

第十五条 法律援助承办人员办理性侵害未成年人案件，应当了解和审查以下关键事实：

（一）了解和严格审查未成年被害人是否已满十二周岁、十四周岁的关键事实，正确判断犯罪嫌疑人、被告人是否"明知"或者"应当知道"未成年被害人为幼女的相关事实；

（二）了解和审查犯罪嫌疑人、被告人是否属于对未成年被害人负有"特殊职责的人员"；

（三）准确了解性侵害未成年人案发的地点、场所等关键事实，正确判断是否属于"在公共场所当众"性侵害未成年人。

第十六条 办理利用网络对儿童实施猥亵行为的案件时，法律援助承办人员应指导未成年被害人及其法定代理人（监护人）及时收集、固定能够证明行为人出于满足性刺激的目的，利用网络采取诱骗、强迫或者其他方法要求被害人拍摄、传送暴露身体的不雅照片、视频供其观看等相关事实方面的电子数据，并向办案机关报告。

第十七条 性侵害未成年人犯罪具有《关于依法惩治性侵害未成年人犯罪的意见》第 25 条规定的情形之一以及第 26 条第二款规定的情形的，法律援助承办人员应当向人民法院提出依法从重从严惩处的建议。

第十八条 对于犯罪嫌疑人、被告人利用职业便利、违背职业要求的特定义务性侵害未成年人的，法律援助承办人员可以建议人民法院在作出判决时对其宣告从业禁止令。

第十九条 发生在家庭内部的性侵害案件，为确保未成年被害人的安全，法律援助承办人员可以建议办案机关依法对未成年被害人进行紧急安置,避免再次受到侵害。

第二十条 对监护人性侵害未成年人的案件,法律援助承办人员可以建议人民检察院、人民法院向有关部门发出检察建议或司法建议,建议有关部门依法申请撤销监护人资格,为未成年被害人另行指定其他监护人。

第二十一条 发生在学校的性侵害未成年人的案件,在未成年被害人不能正常在原学校就读时,法律援助承办人员可以建议其法定代理人(监护人)向教育主管部门申请为其提供教育帮助或安排转学。

第二十二条 未成年人在学校、幼儿园、教育培训机构等场所遭受性侵害,在依法追究犯罪人员法律责任的同时,法律援助承办人员可以帮助未成年被害人及其法定代理人(监护人)要求上述单位依法承担民事赔偿责任。

第二十三条 从事住宿、餐饮、娱乐等的组织和人员如果没有尽到合理限度范围内的安全保障义务,与未成年被害人遭受性侵害具有因果关系时,法律援助承办人员可以建议未成年被害人及其法定代理人(监护人)向安全保障义务人提起民事诉讼,要求其承担与其过错相应的民事补充赔偿责任。

第二十四条 法律援助承办人员办理性侵害未成年人附带民事诉讼案件,应当配合未成年被害人及其法定代理人(监护人)积极与犯罪嫌疑人、被告人协商、调解民事赔偿,为未成年被害人争取最大限度的民事赔偿。

犯罪嫌疑人、被告人以经济赔偿换取未成年被害人翻供或者撤销案件的,法律援助承办人员应当予以制止,并充分释明法律后果,告知未成年被害人及其法定代理人(监护人)法律风险。未成年被害人及其法定代理人(监护人)接受犯罪嫌疑人、被告人前述条件,法律援助承办人员可以拒绝为其提供法律援助服务,并向法律援助机构报告;法律援助机构核实后应当终止本次法律援助服务。

未成年被害人及其法定代理人(监护人)要求严惩犯罪嫌疑人、被告人,放弃经济赔偿的,法律援助承办人员应当尊重其决定。

第二十五条 未成年被害人及其法定代理人(监护人)提出精神损害赔偿的,法律援助承办人员应当注意收集未成年被害人因遭受性侵害导致精神疾病或者心理伤害的证据,将其精神损害和心理创伤转化为接受治疗、辅导而产生的医疗费用,依法向犯罪嫌疑人、被告人提出赔偿请求。

第二十六条 对未成年被害人因性侵害犯罪造成人身损害,不能及时获得有效赔偿,生活困难的,法律援助承办人员可以帮助未成年被害人及其法定代理人(监护人)、近亲属,依法向办案机关提出司法救助申请。

第四章 办理监护人侵害未成年人权益案件

第二十七条 监护人侵害未成年人权益案件,是指父母或者其他监护人(以下简称监护人)性侵害、出卖、遗弃、虐待、暴力伤害未成年人,教唆、利用未成年人实施违法犯罪行为,胁迫、诱骗、利用未成年人乞讨,以及不履行监护职责严重危害未成年人身心健康等行为。

第二十八条 法律援助承办人员发现监护侵害行为可能构成虐待罪、遗弃罪的,应当告知未成年人及其他监护人、近亲属或村(居)民委员会等有关组织有权告诉或代为告诉。

未成年被害人没有能力告诉,或者因受到强制、威吓无法告诉的,法律援助承办人员应当告知其近亲属或村(居)委员会等有关组织代为告诉或向公安机关报案。

第二十九条 法律援助承办人员发现公安机关处理监护侵害案件应当立案而不立案的,可以协助当事人向人民检察院申请立案监督或协助向人民法院提起自诉。

第三十条 办案过程中,法律援助承办人员发现未成年人身体受到严重伤害、面临严重人身安全威胁或者处于无人照料等危险状态的,应当建议公安机关将其带离实施监护侵害行为的监护人,就近护送至其他监护人、亲属、村(居)民委员会或者未成年人救助保护机构。

第三十一条 监护侵害行为情节较轻,依法不给予治安管理处罚的,法律援助承办人员可以协助未成年人的其他监护人、近亲属要求公安机关对加害人给予批评教育或者出具告诫书。

第三十二条 公安机关将告诫书送交加害人、未成年受害人,以及通知村(居)民委员会后,法律援助承办人员应当建议村(居)民委员会、公安派出所对收到告诫书的加害人,未成年受害人进行查访、监督加害人不再实施家庭暴力。

第三十三条 未成年人遭受监护侵害行为或者面临监护侵害行为的现

实危险,法律援助承办人员应当协助其他监护人、近亲属,向未成年人住所地、监护人住所地或者侵害行为地基层人民法院,申请人身安全保护令。

第三十四条 法律援助承办人员应当协助受侵害未成年人搜集公安机关出警记录、告诫书、伤情鉴定意见等证据。

第三十五条 法律援助承办人员代理申请人身安全保护令时,可依法提出如下请求:

(一)禁止被申请人实施家庭暴力;
(二)禁止被申请人骚扰、跟踪、接触申请人及其相关近亲属;
(三)责令被申请人迁出申请人住所;
(四)保护申请人人身安全的其他措施。

第三十六条 人身安全保护令失效前,法律援助承办人员可以根据申请人要求,代理其向人民法院申请撤销、变更或者延长。

第三十七条 发现监护人具有民法典第三十六条、《关于依法处理监护人侵害未成年人权益行为若干问题的意见》第三十五条规定的情形之一的,法律援助承办人员可以建议其他具有监护资格的人、居(村)民委员会、学校、医疗机构、妇联、共青团、未成年人保护组织、民政部门等个人或组织,向未成年人住所地、监护人住所地或者侵害行为地基层人民法院申请撤销原监护人监护资格,依法另行指定监护人。

第三十八条 法律援助承办人员承办申请撤销监护人资格案件,可以协助申请人向人民检察院申请支持起诉。申请支持起诉的,应当向人民检察院提交申请支持起诉书、撤销监护人资格申请书、身份证明材料及案件所有证据材料复印件。

第三十九条 有关个人和组织向人民法院申请撤销监护人资格前,法律援助承办人员应当建议其听取有表达能力的未成年人的意见。

第四十条 法律援助承办人员承办申请撤销监护人资格案件,在接受委托后,应撰写撤销监护人资格申请书。申请书应当包括申请人及被申请人信息、申请事项、事实与理由等内容。

第四十一条 法律援助承办人员办理申请撤销监护人资格的案件,应当向人民法院提交相关证据,并协助社会服务机构递交调查评估报告。该报告应当包含未成年人基本情况,监护存在问题,监护人悔过情况,监护人接受教育、辅导情况,未成年人身心健康状况以及未成年人意愿等内容。

第四十二条 法律援助承办人员根据实际需要可以向人民法院申请聘请适当的社会人士对未成年人进行社会观护,引入心理疏导和测评机制,组织专业社会工作者、儿童心理问题专家等专业人员参与诉讼,为受侵害未成年人和被申请人提供心理辅导和测评服务。

第四十三条 法律援助承办人员应当建议人民法院根据最有利于未成年人的原则,在民法典第二十七条规定的人员和单位中指定监护人。没有依法具有监护资格的人的,建议人民法院依据民法典第三十二条规定指定民政部门担任监护人,也可以指定具备履行监护职责条件的被监护人住所地的村(居)民委员会担任监护人。

第四十四条 法律援助承办人员应当告知现任监护人有权向人民法院提起诉讼,要求被撤销监护人资格的父母继续负担被监护人的抚养费。

第四十五条 判决不撤销监护人资格的,法律援助承办人员根据《关于依法处理监护人侵害未成年人权益行为若干问题的意见》有关要求,可以协助有关个人和部门加强对未成年人的保护和对监护人的监督指导。

第四十六条 具有民法典第三十八条、《关于依法处理监护人侵害未成年人权益行为若干问题的意见》第四十条规定的情形之一的,法律援助承办人员可以向人民法院提出不得判决恢复其监护人资格的建议。

第五章 办理学生伤害事故案件

第四十七条 学生伤害事故案件,是指在学校、幼儿园或其他教育机构(以下简称教育机构)实施的教育教学活动或者组织的校外活动中,以及在教育机构负有管理责任的校舍、场地、其他教育教学设施、生活设施内发生的,造成在校学生人身损害后果的事故。

第四十八条 办理学生伤害事故案件,法律援助承办人员可以就以下事实进行审查:

(一)受侵害未成年人与学校、幼儿园或其他教育机构之间是否存在教育法律关系;

(二)是否存在人身损害结果和经济损失,教育机构、受侵害未成年人或

者第三方是否存在过错,教育机构行为与受侵害未成年人损害结果之间是否存在因果关系;

(三)是否超过诉讼时效,是否存在诉讼时效中断、中止或延长的事由。

第四十九条 法律援助承办人员应当根据以下不同情形,告知未成年人及其法定代理人(监护人)相关的责任承担原则:

(一)不满八周岁的无民事行为能力人在教育机构学习、生活期间受到人身损害的,教育机构依据民法典第一千一百九十九条的规定承担过错推定责任;

(二)已满八周岁不满十八周岁的限制民事责任能力人在教育机构学习、生活期间受到人身损害的,教育机构依据民法典第一千二百条的规定承担过错责任;

(三)因教育机构、学生或者其他相关当事人的过错造成的学生伤害事故,相关当事人应当根据其行为过错程度的比例及其与损害结果之间的因果关系承担相应的责任。

第五十条 办理学生伤害事故案件,法律援助承办人员应当调查了解教育机构是否具备办学许可资格,教师或者其他工作人员是否具备职业资格,注意审查和收集能够证明教育机构存在《学生伤害事故处理办法》第九条规定的过错情形的证据。

第五十一条 办理《学生伤害事故处理办法》第十条规定的学生伤害事故案件,法律援助承办人员应当如实告知未成年人及其法定代理人(监护人)可能存在由其承担法律责任的诉讼风险。

第五十二条 办理《学生伤害事故处理办法》第十二条、第十三条规定的学生伤害事故案件,法律援助承办人员应当注意审查和收集教育机构是否已经履行相应职责或行为有无不当。教育机构已经履行相应职责或行为并无不当的,法律援助承办人员应当告知未成年人及其法定代理人(监护人),案件可能存在教育机构不承担责任的诉讼风险。

第五十三条 未成年人在教育机构学习、生活期间,受到教育机构以外的人员人身损害的,法律援助承办人员应当告知未成年人及其法定代理人(监护人)由侵权人承担侵权责任,教育机构未尽到管理职责的,承担相应的补充责任。

第五十四条 办理涉及教育机构侵权案件，法律援助承办人员可以采取以下措施：

（一）关注未成年人的受教育权，发现未成年人因诉讼受到教育机构及教职员工不公正对待的，及时向教育行政主管部门和法律援助机构报告；

（二）根据案情需要，可以和校方协商，或者向教育行政主管部门申请调解，并注意疏导家属情绪，积极参与调解，避免激化矛盾；

（三）可以调查核实教育机构和未成年人各自参保及保险理赔情况。

第五十五条 涉及校园重大安全事故、严重体罚、虐待、学生欺凌、性侵害等可能构成刑事犯罪的案件，法律援助承办人员可以向公安机关报告，或者协助未成年人及其法定代理人（监护人）向公安机关报告，并向法律援助机构报备。

第六章 附 则

第五十六条 本指引由司法部公共法律服务管理局与中华全国律师协会负责解释，自公布之日起试行。

军人军属法律援助工作实施办法

（司法部、中央军委政法委员会发布
自 2023 年 3 月 1 日起施行）

第一章 总 则

第一条 为了规范军人军属法律援助工作，依法维护国防利益和军人军属合法权益,根据《中华人民共和国法律援助法》《中华人民共和国军人地位和权益保障法》《军人抚恤优待条例》《国务院、中央军委关于进一步加强军人军属法律援助工作的意见》,制定本办法。

第二条 为军人军属提供法律援助,适用本办法。

第三条 军人军属法律援助工作是中国特色社会主义法律援助事业的重要组成部分,应当坚持中国共产党领导,坚持围绕中心、服务大局,军民合力、共商共建,依法优先、注重质量,实现政治效果、社会效果、法律效果相统一。

第四条 县级以上人民政府司法行政部门和军队团级以上单位负责司法行政工作的部门应当密切协作、相互配合,研究制定军人军属法律援助工作发展规划、重要制度和措施,安排部署军人军属法律援助工作任务,指导军人军属法律援助工作组织实施,及时解决工作中的困难和问题,共同做好军人军属法律援助工作。

第五条 县级以上人民政府司法行政部门和军队团级以上单位负责司法行政工作的部门应当开展经常性的军人军属法律援助宣传教育,普及军人军属法律援助知识。

第二章 工作站点和人员

第六条 县级以上人民政府司法行政部门设立的法律援助机构负责组织实施军人军属法律援助工作。

法律援助机构可以在省军区(卫戍区、警备区)、军分区(警备区)、县(市、区)人民武装部、军事法院、军事检察院以及其他军队团级以上单位建立军人军属法律援助工作站。

有条件的法律援助机构可以在乡(镇)人民武装部、军队营级以下单位设立军人军属法律援助联络点。

第七条 军人军属法律援助工作站应当具备以下条件:

(一)有固定的办公场所和设备;

(二)有具备一定法律知识的工作人员;

(三)有必要的工作经费;

（四）有规范的工作制度；

（五）有统一的标识及公示栏。

第八条 军人军属法律援助工作站的职责范围包括：

（一）受理、转交军人军属法律援助申请；

（二）开展军人军属法治宣传教育；

（三）解答法律咨询、代拟法律文书；

（四）办理简单的非诉讼法律援助事项；

（五）其他应当依法履行的工作职责。

第九条 军人军属法律援助工作站应当在接待场所和相关网站公示办公地址、通讯方式以及军人军属法律援助条件、程序、申请材料目录等信息。

第十条 军人军属法律援助工作站应当建立军人军属来信、来电、来访咨询事项登记制度。对属于法律援助范围的，应当一次性告知申请程序，指导当事人依法提出申请；对不属于法律援助范围的，应当告知有关规定，指引当事人寻求其他解决渠道。

第十一条 法律援助机构应当综合政治素质、业务能力、执业年限等，择优遴选具有律师资格或者法律职业资格的人员参与军人军属法律援助工作，建立军人军属法律援助人员库。

军队具有律师资格或者法律职业资格的人员，以及其他具有法律专业素质和服务能力的人员，可以纳入军人军属法律援助人员库，由其所在军队团级以上单位负责司法行政工作的部门管理，参与军人军属法律援助工作站或者联络点值班，参加驻地法律援助业务培训和办案交流等。

第十二条 法律援助机构应当会同军队团级以上单位负责司法行政工作的部门、军事法院、军事检察院，安排军人军属法律援助人员库入库人员在军人军属法律援助工作站或者联络点值班，合理安排值班方式、值班频次。

值班方式可以采用现场值班、电话值班、网络值班相结合的方式；现场值班的，可以采取固定专人或者轮流值班，也可以采取预约值班。

第十三条 军人军属法律援助联络点可以安排本单位工作人员担任联络员，就近受理、转交军人军属法律援助申请，协调法律援助机构开展法律咨询、法治宣传教育等法律服务。

有条件的军人军属法律援助联络点,可以参照军人军属法律援助工作站设置办公场所、安排人员值班。

第十四条 法律援助机构、法律援助人员办理军人军属法律援助案件,应当保守知悉的国家秘密、军事秘密、商业秘密,不得泄露当事人的隐私。

第三章 事项和程序

第十五条 军人军属维护合法权益遇到困难的,法律援助机构应当依法优先提供免费的咨询、代理等法律服务。

第十六条 军人军属对下列事项,因经济困难没有委托代理人的,可以向法律援助机构申请法律援助:

(一)涉及侵害军人名誉纠纷的;

(二)请求给予优抚待遇的;

(三)涉及军人婚姻家庭纠纷的;

(四)人身伤害案件造成人身损害或者财产损失请求赔偿的;

(五)涉及房屋买卖纠纷、房屋租赁纠纷、拆迁安置补偿纠纷的;

(六)涉及农资产品质量纠纷、土地承包纠纷、宅基地纠纷以及保险赔付的;

(七)《中华人民共和国法律援助法》规定的法律援助事项范围或者法律、法规、规章规定的其他情形。

第十七条 军人军属申请法律援助,应当提交下列申请材料,法律援助机构免予核查经济困难状况:

(一)有关部门制发的证件、证明军人军属关系的户籍材料或者军队单位开具的身份证明等表明军人军属身份的材料;

(二)法律援助申请表;

(三)经济困难状况说明表;

(四)与所申请法律援助事项有关的案件材料。

第十八条 下列人员申请法律援助的,无需提交经济困难状况说明表:

(一)义务兵、供给制学员及其军属;

(二)执行作战、重大非战争军事行动任务的军人及其军属;

(三)烈士、因公牺牲军人、病故军人的遗属。

第十九条 军人军属申请法律援助的,诉讼事项由办案机关所在地的法律援助机构受理,非诉讼事项由争议处理机关所在地或者事由发生地的法律援助机构受理。

法律援助机构应当及时受理相关法律援助申请,对不属于本机构受理的,应当协助军人军属向有权受理的机构申请。

第二十条 法律援助机构决定给予法律援助的,应当及时指派法律援助人员承办军人军属法律援助案件。

有条件的法律援助机构可以指派军人军属选定的法律援助人员作为案件承办人。

第二十一条 受理申请的法律援助机构需要异地法律援助机构协助调查取证、送达文书的,异地法律援助机构应当支持。法律援助机构请求协助的,应当向被请求的法律援助机构出具协助函件,说明协助内容。

异地协助所需的时间不计入法律援助机构受理审查时限。

第二十二条 法律援助机构应当在服务窗口设立法律援助绿色通道,对军人军属申请法律援助的,优先受理、优先审查、优先指派。符合条件的可以先行提供法律援助,事后补充材料、补办手续。对伤病残等特殊困难的军人军属,实行网上申请、电话申请、邮寄申请、上门受理等便利服务。

第二十三条 执行作战、重大非战争军事行动任务的军人及其军属申请法律援助的,不受事项范围限制。

法律援助机构应当指派具有三年以上相关执业经历的律师,为执行作战、重大非战争军事行动任务的军人及其军属提供法律援助。军人所在团级以上单位负责司法行政工作的部门应当会同县级以上人民政府司法行政部门,及时了解案件办理情况,帮助协调解决困难问题,保障受援人获得优质高效的法律援助。

军人执行作战、重大非战争军事行动任务,由其所在团级以上单位负责司法行政工作的部门出具证明。暂时无法出具证明的,法律援助机构可以先行提供法律援助,受援人应当及时补交相关证明。

第二十四条 法律援助机构办理军人军属法律援助案件,需要协助的,军队团级以上单位负责司法行政工作的部门应当予以协助。对先行提供法律援助但受援人未及时补交相关证明的，法律援助机构可以向军队团级以上单位负责司法行政工作的部门了解有关情况，对不符合法律援助条件的，应当依法终止法律援助。

对军人军属法律援助工作站或者联络点转交的军人军属法律援助申请，法律援助机构作出决定后，应当及时告知军队团级以上单位负责司法行政工作的部门。

第四章 保障和监督

第二十五条 县级以上人民政府司法行政部门应当会同涉军维权工作领导小组办公室和军队团级以上单位负责司法行政工作的部门，建立军地法律援助衔接工作联席会议制度，研究工作，部署任务，通报情况，协调解决重大问题。

第二十六条 建立军人军属法律援助工作站的军队团级以上单位负责司法行政工作的部门、军事法院、军事检察院，应当协调为军人军属法律援助工作站提供必要的办公场所和设施，安排人员保障军人军属法律援助工作有序开展。

第二十七条 县级以上人民政府司法行政部门应当把军人军属法律援助人员培训工作纳入当地法律援助业务培训规划。军队团级以上单位负责司法行政工作的部门应当为军人军属法律援助人员参加培训提供必要的条件和保障。

县级以上人民政府司法行政部门应当会同军队团级以上单位负责司法行政工作的部门、军事法院、军事检察院，与法律援助机构、律师事务所开展业务研究、办案交流等活动，提高军人军属法律援助案件办理质量。

第二十八条 县级以上人民政府司法行政部门应当会同军队团级以上单位负责司法行政工作的部门协调地方财政部门，推动将军人军属法律援助经费列入本级政府预算。

有条件的地方可以探索建立军人军属法律援助公益基金，专门用于办理军人军属法律援助案件。法律援助基金会等组织应当通过多种渠道，积极募集社会资金，支持军人军属法律援助工作。

军队团级以上单位负责司法行政工作的部门、军事法院、军事检察院应当将军人军属法律援助工作站、联络点日常办公所需经费纳入单位年度预算。

第二十九条 军人军属法律援助工作站、联络点应当向法律援助机构及时报告工作,接受其业务指导和监督,及时与所驻军队团级以上单位负责司法行政工作的部门、军事法院、军事检察院沟通有关情况。

军队团级以上单位负责司法行政工作的部门应当定期调研军人军属法律援助工作。针对发现的矛盾问题,可以向驻地县级以上人民政府司法行政部门和法律援助机构提出改进建议,必要时提交军地法律援助衔接工作联席会议研究解决。

第三十条 县级以上涉军维权工作领导小组办公室应当会同驻地团级以上单位负责司法行政工作的部门,将军人军属法律援助工作纳入年度平安建设考评体系;需要了解有关情况的,同级人民政府司法行政部门应当予以协助。考评结果应当报送同级的县(市、区)人民武装部、军分区(警备区)、省军区(卫戍区、警备区)。

第三十一条 对在军人军属法律援助工作中做出突出贡献的组织和个人,按照国家有关规定给予表彰和奖励。

第五章　附　　则

第三十二条 本办法所称军人,是指在中国人民解放军服现役的军官、军士、义务兵等人员。

本办法所称军属,是指军人的配偶、父母(扶养人)、未成年子女、不能独立生活的成年子女。

本办法所称烈士、因公牺牲军人、病故军人的遗属,是指烈士、因公牺牲军人、病故军人的配偶、父母(扶养人)、子女,以及由其承担抚养义务的兄弟姐妹。

第三十三条 军队文职人员、职工,军队管理的离休退休人员,以及执行军事任务的预备役人员和其他人员,参照本办法有关军人的规定。

除本办法另有规定外,烈士、因公牺牲军人、病故军人的遗属,适用本办法有关军属的规定。

第三十四条　中国人民武装警察部队服现役的警官、警士和义务兵等人员,适用本办法。

第三十五条　本办法自2023年3月1日起施行。2016年9月14日司法部、中央军委政法委员会发布的《军人军属法律援助工作实施办法》同时废止。

法律援助值班律师工作办法

(2020年8月20日最高人民法院、最高人民检察院、公安部、国家安全部、司法部发布施行　司规〔2020〕6号)

第一章　总　　则

第一条　为保障犯罪嫌疑人、被告人依法享有的诉讼权利,加强人权司法保障,进一步规范值班律师工作,根据《中华人民共和国刑事诉讼法》《中华人民共和国律师法》等规定,制定本办法。

第二条　本办法所称值班律师,是指法律援助机构在看守所、人民检察院、人民法院等场所设立法律援助工作站,通过派驻或安排的方式,为没有辩护人的犯罪嫌疑人、被告人提供法律帮助的律师。

第三条　值班律师工作应当坚持依法、公平、公正、效率的原则,值班律师应当提供符合标准的法律服务。

第四条　公安机关(看守所)、人民检察院、人民法院、司法行政机关应当保障没有辩护人的犯罪嫌疑人、被告人获得值班律师法律帮助的权利。

第五条　值班律师工作由司法行政机关牵头组织实施,公安机关(看守所)、人民检察院、人民法院应当依法予以协助。

第二章 值班律师工作职责

第六条 值班律师依法提供以下法律帮助:
(一)提供法律咨询;
(二)提供程序选择建议;
(三)帮助犯罪嫌疑人、被告人申请变更强制措施;
(四)对案件处理提出意见;
(五)帮助犯罪嫌疑人、被告人及其近亲属申请法律援助;
(六)法律法规规定的其他事项。
值班律师在认罪认罚案件中,还应当提供以下法律帮助:
(一)向犯罪嫌疑人、被告人释明认罪认罚的性质和法律规定;
(二)对人民检察院指控罪名、量刑建议、诉讼程序适用等事项提出意见;
(三)犯罪嫌疑人签署认罪认罚具结书时在场。
值班律师办理案件时,可以应犯罪嫌疑人、被告人的约见进行会见,也可以经办案机关允许主动会见;自人民检察院对案件审查起诉之日起可以查阅案卷材料、了解案情。

第七条 值班律师提供法律咨询时,应当告知犯罪嫌疑人、被告人有关法律帮助的相关规定,结合案件所在的诉讼阶段解释相关诉讼权利和程序规定,解答犯罪嫌疑人、被告人咨询的法律问题。

犯罪嫌疑人、被告人认罪认罚的,值班律师应当了解犯罪嫌疑人、被告人对被指控的犯罪事实和罪名是否有异议,告知被指控罪名的法定量刑幅度,释明从宽从重处罚的情节以及认罪认罚的从宽幅度,并结合案件情况提供程序选择建议。

值班律师提供法律咨询的,应当记录犯罪嫌疑人、被告人涉嫌的罪名、咨询的法律问题、提供的法律解答。

第八条 在审查起诉阶段,犯罪嫌疑人认罪认罚的,值班律师可以就以下事项向人民检察院提出意见:

（一）涉嫌的犯罪事实、指控罪名及适用的法律规定；
（二）从轻、减轻或者免除处罚等从宽处罚的建议；
（三）认罪认罚后案件审理适用的程序；
（四）其他需要提出意见的事项。

值班律师对前款事项提出意见的，人民检察院应当记录在案并附卷，未采纳值班律师意见的，应当说明理由。

第九条 犯罪嫌疑人、被告人提出申请羁押必要性审查的，值班律师应当告知其取保候审、监视居住、逮捕等强制措施的适用条件和相关法律规定、人民检察院进行羁押必要性审查的程序；犯罪嫌疑人、被告人已经被逮捕的，值班律师可以帮助其向人民检察院提出羁押必要性审查申请，并协助提供相关材料。

第十条 犯罪嫌疑人签署认罪认罚具结书时，值班律师对犯罪嫌疑人认罪认罚自愿性、人民检察院量刑建议、程序适用等均无异议的，应当在具结书上签名，同时留存一份复印件归档。

值班律师对人民检察院量刑建议、程序适用有异议的，在确认犯罪嫌疑人系自愿认罪认罚后，应当在具结书上签字，同时可以向人民检察院提出法律意见。

犯罪嫌疑人拒绝值班律师帮助的，值班律师无需在具结书上签字，应当将犯罪嫌疑人签字拒绝法律帮助的书面材料留存一份归档。

第十一条 对于被羁押的犯罪嫌疑人、被告人，在不同诉讼阶段，可以由派驻看守所的同一值班律师提供法律帮助。对于未被羁押的犯罪嫌疑人、被告人，前一诉讼阶段的值班律师可以在后续诉讼阶段继续为犯罪嫌疑人、被告人提供法律帮助。

第三章 法律帮助工作程序

第十二条 公安机关、人民检察院、人民法院应当在侦查、审查起诉和审判各阶段分别告知没有辩护人的犯罪嫌疑人、被告人有权约见值班律师获得法律帮助，并为其约见值班律师提供便利。

第十三条 看守所应当告知犯罪嫌疑人、被告人有权约见值班律师，并为其约见值班律师提供便利。

看守所应当将值班律师制度相关内容纳入在押人员权利义务告知书，在犯罪嫌疑人、被告人入所时告知其有权获得值班律师的法律帮助。

犯罪嫌疑人、被告人要求约见值班律师的，可以书面或者口头申请。书面申请的，看守所应当将其填写的法律帮助申请表及时转交值班律师。口头申请的，看守所应当安排代为填写法律帮助申请表。

第十四条 犯罪嫌疑人、被告人没有委托辩护人并且不符合法律援助机构指派律师为其提供辩护的条件，要求约见值班律师的，公安机关、人民检察院、人民法院应当及时通知法律援助机构安排。

第十五条 依法应当通知值班律师提供法律帮助而犯罪嫌疑人、被告人明确拒绝的，公安机关、人民检察院、人民法院应当记录在案。

前一诉讼程序犯罪嫌疑人、被告人明确拒绝值班律师法律帮助的，后一诉讼程序的办案机关仍需告知其有权获得值班律师法律帮助的权利，有关情况应当记录在案。

第十六条 公安机关、人民检察院、人民法院需要法律援助机构通知值班律师为犯罪嫌疑人、被告人提供法律帮助的，应当向法律援助机构出具法律帮助通知书，并附相关法律文书。

单次批量通知的，可以在一份法律帮助通知书后附多名犯罪嫌疑人、被告人相关信息的材料。

除通知值班律师到羁押场所提供法律帮助的情形外，人民检察院、人民法院可以商法律援助机构简化通知方式和通知手续。

第十七条 司法行政机关和法律援助机构应当根据当地律师资源状况、法律帮助需求，会同看守所、人民检察院、人民法院合理安排值班律师的值班方式、值班频次。

值班方式可以采用现场值班、电话值班、网络值班相结合的方式。现场值班的，可以采取固定专人或轮流值班，也可以采取预约值班。

第十八条 法律援助机构应当综合律师政治素质、业务能力、执业年限等确定值班律师人选，建立值班律师名册或值班律师库。并将值班律师库或名册信息、值班律师工作安排，提前告知公安机关（看守所）、人民检察院、人民法院。

第十九条 公安机关、人民检察院、人民法院应当在确定的法律帮助日期前三个工作日,将法律帮助通知书送达法律援助机构,或者直接送达现场值班律师。

该期间没有安排现场值班律师的,法律援助机构应当自收到法律帮助通知书之日起两个工作日内确定值班律师,并通知公安机关、人民检察院、人民法院。

公安机关、人民检察院、人民法院和法律援助机构之间的送达及通知方式,可以协商简化。

适用速裁程序的案件、法律援助机构需要跨地区调配律师等特殊情形的通知和指派时限,不受前款限制。

第二十条 值班律师在人民检察院、人民法院现场值班的,应当按照法律援助机构的安排,或者人民检察院、人民法院送达的通知,及时为犯罪嫌疑人、被告人提供法律帮助。

犯罪嫌疑人、被告人提出法律帮助申请,看守所转交给现场值班律师的,值班律师应当根据看守所的安排及时提供法律帮助。

值班律师通过电话、网络值班的,应当及时提供法律帮助,疑难案件可以另行预约咨询时间。

第二十一条 侦查阶段,值班律师可以向侦查机关了解犯罪嫌疑人涉嫌的罪名及案件有关情况;案件进入审查起诉阶段后,值班律师可以查阅案卷材料,了解案情,人民检察院、人民法院应当及时安排,并提供便利。已经实现卷宗电子化的地方,人民检察院、人民法院可以安排在线阅卷。

第二十二条 值班律师持律师执业证或者律师工作证、法律帮助申请表或者法律帮助通知书到看守所办理法律帮助会见手续,看守所应当及时安排会见。

危害国家安全犯罪、恐怖活动犯罪案件,侦查期间值班律师会见在押犯罪嫌疑人的,应当经侦查机关许可。

第二十三条 值班律师提供法律帮助时,应当出示律师执业证或者律师工作证或者相关法律文书,表明值班律师身份。

第二十四条 值班律师会见犯罪嫌疑人、被告人时不被监听。

第二十五条 值班律师在提供法律帮助过程中,犯罪嫌疑人、被告人向值班律师表示愿意认罪认罚的,值班律师应当及时告知相关的公安机关、人民检察院、人民法院。

第四章 值班律师工作保障

第二十六条 在看守所、人民检察院、人民法院设立的法律援助工作站,由同级司法行政机关所属的法律援助机构负责派驻并管理。

看守所、人民检察院、人民法院等机关办公地点临近的,法律援助机构可以设立联合法律援助工作站派驻值班律师。

看守所、人民检察院、人民法院应当为法律援助工作站提供必要办公场所和设施。有条件的人民检察院、人民法院,可以设置认罪认罚等案件专门办公区域,为值班律师设立专门会见室。

第二十七条 法律援助工作站应当公示法律援助条件及申请程序、值班律师工作职责、当日值班律师基本信息等,放置法律援助格式文书及宣传资料。

第二十八条 值班律师提供法律咨询、查阅案卷材料、会见犯罪嫌疑人或者被告人、提出书面意见等法律帮助活动的相关情况应当记录在案,并随案移送。

值班律师应当将提供法律帮助的情况记入工作台账或者形成工作卷宗,按照规定时限移交法律援助机构。

公安机关(看守所)、人民检察院、人民法院应当与法律援助机构确定工作台账格式,将值班律师履行职责情况记录在案,并定期移送法律援助机构。

第二十九条 值班律师提供法律帮助时,应当遵守相关法律法规、执业纪律和职业道德,依法保守国家秘密、商业秘密和个人隐私,不得向他人泄露工作中掌握的案件情况,不得向受援人收取财物或者谋取不正当利益。

第三十条 司法行政机关应当会同财政部门,根据直接费用、基本劳务费等因素合理制定值班律师法律帮助补贴标准,并纳入预算予以保障。

值班律师提供法律咨询、转交法律援助申请等法律帮助的补贴标准按工作日计算;为认罪认罚案件的犯罪嫌疑人、被告人提供法律帮助的补贴标准,由各地结合本地实际情况按件或按工作日计算。

法律援助机构应当根据值班律师履行工作职责情况,按照规定支付值班律师法律帮助补贴。

第三十一条 法律援助机构应当建立值班律师准入和退出机制,建立值班律师服务质量考核评估制度,保障值班律师服务质量。

法律援助机构应当建立值班律师培训制度,值班律师首次上岗前应当参加培训,公安机关、人民检察院、人民法院应当提供协助。

第三十二条 司法行政机关和法律援助机构应当加强本行政区域值班律师工作的监督和指导。对律师资源短缺的地区,可采取在省、市范围内统筹调配律师资源,建立政府购买值班律师服务机制等方式,保障值班律师工作有序开展。

第三十三条 司法行政机关会同公安机关、人民检察院、人民法院建立值班律师工作会商机制,明确专门联系人,及时沟通情况,协调解决相关问题。

第三十四条 司法行政机关应当加强对值班律师的监督管理,对表现突出的值班律师给予表彰;对违法违纪的值班律师,依职权或移送有权处理机关依法依规处理。

法律援助机构应当向律师协会通报值班律师履行职责情况。

律师协会应当将值班律师履行职责、获得表彰情况纳入律师年度考核及律师诚信服务记录,对违反职业道德和执业纪律的值班律师依法依规处理。

第五章 附 则

第三十五条 国家安全机关、中国海警局、监狱履行刑事诉讼法规定职责,涉及值班律师工作的,适用本办法有关公安机关的规定。

第三十六条 本办法自发布之日起施行。《关于开展法律援助值班律师工作的意见》(司发通〔2017〕84号)同时废止。

最高人民法院、最高人民检察院、公安部、司法部关于刑事诉讼法律援助工作的规定

(2013年2月4日发布 司发通〔2013〕18号
自2013年3月1日起施行)

第一条 为加强和规范刑事诉讼法律援助工作,根据《中华人民共和国刑事诉讼法》、《中华人民共和国律师法》、《法律援助条例》以及其他相关规定,结合法律援助工作实际,制定本规定。

第二条 犯罪嫌疑人、被告人因经济困难没有委托辩护人的,本人及其近亲属可以向办理案件的公安机关、人民检察院、人民法院所在地同级司法行政机关所属法律援助机构申请法律援助。

具有下列情形之一,犯罪嫌疑人、被告人没有委托辩护人的,可以依照前款规定申请法律援助:

(一)有证据证明犯罪嫌疑人、被告人属于一级或者二级智力残疾的;

(二)共同犯罪案件中,其他犯罪嫌疑人、被告人已委托辩护人的;

(三)人民检察院抗诉的;

(四)案件具有重大社会影响的。

第三条 公诉案件中的被害人及其法定代理人或者近亲属,自诉案件中的自诉人及其法定代理人,因经济困难没有委托诉讼代理人的,可以向办理案件的人民检察院、人民法院所在地同级司法行政机关所属法律援助机构申请法律援助。

第四条 公民经济困难的标准,按案件受理地所在的省、自治区、直辖市人民政府的规定执行。

第五条 公安机关、人民检察院在第一次讯问犯罪嫌疑人或者采取强制措施的时候,应当告知犯罪嫌疑人有权委托辩护人,并告知其如果符合本规定第二条规定,本人及其近亲属可以向法律援助机构申请法律援助。

人民检察院自收到移送审查起诉的案件材料之日起3日内,应当告知犯罪嫌疑人有权委托辩护人,并告知其如果符合本规定第二条规定,本人及其近亲属可以向法律援助机构申请法律援助;应当告知被害人及其法定代理人或者近亲属有权委托诉讼代理人,并告知其如果经济困难,可以向法律援助机构申请法律援助。

人民法院自受理案件之日起3日内,应当告知被告人有权委托辩护人,并告知其如果符合本规定第二条规定,本人及其近亲属可以向法律援助机构申请法律援助;应当告知自诉人及其法定代理人有权委托诉讼代理人,并告知其如果经济困难,可以向法律援助机构申请法律援助。人民法院决定再审的案件,应当自决定再审之日起3日内履行相关告知职责。

犯罪嫌疑人、被告人具有本规定第九条规定情形的,公安机关、人民检察院、人民法院应当告知其如果不委托辩护人,将依法通知法律援助机构指派律师为其提供辩护。

第六条 告知可以采取口头或者书面方式,告知的内容应当易于被告知人理解。口头告知的,应当制作笔录,由被告知人签名;书面告知的,应当将送达回执入卷。对于被告知人当场表达申请法律援助意愿的,应当记录在案。

第七条 被羁押的犯罪嫌疑人、被告人提出法律援助申请的,公安机关、人民检察院、人民法院应当在收到申请24小时内将其申请转交或者告知法律援助机构,并于3日内通知申请人的法定代理人、近亲属或者其委托的其他人员协助向法律援助机构提供有关证件、证明等相关材料。犯罪嫌疑人、被告人的法定代理人或者近亲属无法通知的,应当在转交申请时一并告知法律援助机构。

第八条 法律援助机构收到申请后应当及时进行审查并于7日内作出决定。对符合法律援助条件的,应当决定给予法律援助,并制作给予法律援助决定书;对不符合法律援助条件的,应当决定不予法律援助,制作不予法律援助决定书。给予法律援助决定书和不予法律援助决定书应当及时发送申请人,并函告公安机关、人民检察院、人民法院。

对于犯罪嫌疑人、被告人申请法律援助的案件,法律援助机构可以向公安机关、人民检察院、人民法院了解案件办理过程中掌握的犯罪嫌疑人、被告人是否具有本规定第二条规定情形等情况。

第九条 犯罪嫌疑人、被告人具有下列情形之一没有委托辩护人的,公安机关、人民检察院、人民法院应当自发现该情形之日起3日内,通知所在地同级司法行政机关所属法律援助机构指派律师为其提供辩护:

(一)未成年人;

(二)盲、聋、哑人;

(三)尚未完全丧失辨认或者控制自己行为能力的精神病人;

(四)可能被判处无期徒刑、死刑的人。

第十条 公安机关、人民检察院、人民法院通知辩护的,应当将通知辩护公函和采取强制措施决定书、起诉意见书、起诉书、判决书副本或者复印件送交法律援助机构。

通知辩护公函应当载明犯罪嫌疑人或者被告人的姓名、涉嫌的罪名、羁押场所或者住所、通知辩护的理由、办案机关联系人姓名和联系方式等。

第十一条 人民法院自受理强制医疗申请或者发现被告人符合强制医疗条件之日起3日内,对于被申请人或者被告人没有委托诉讼代理人的,应当向法律援助机构送交通知代理公函,通知其指派律师担任被申请人或被告人的诉讼代理人,为其提供法律帮助。

人民检察院申请强制医疗的,人民法院应当将强制医疗申请书副本一并送交法律援助机构。

通知代理公函应当载明被申请人或者被告人的姓名、法定代理人的姓名和联系方式、办案机关联系人姓名和联系方式。

第十二条 法律援助机构应当自作出给予法律援助决定或者自收到通知辩护公函、通知代理公函之日起3日内,确定承办律师并函告公安机关、人民检察院、人民法院。

法律援助机构出具的法律援助公函应当载明承办律师的姓名、所属单位及联系方式。

第十三条 对于可能被判处无期徒刑、死刑的案件,法律援助机构应当指派具有一定年限刑事辩护执业经历的律师担任辩护人。

对于未成年人案件,应当指派熟悉未成年人身心特点的律师担任辩护人。

第十四条 承办律师接受法律援助机构指派后,应当按照有关规定及时办理委托手续。

承办律师应当在首次会见犯罪嫌疑人、被告人时,询问是否同意为其辩护,并制作笔录。犯罪嫌疑人、被告人不同意的,律师应当书面告知公安机关、人民检察院、人民法院和法律援助机构。

第十五条 对于依申请提供法律援助的案件,犯罪嫌疑人、被告人坚持自己辩护,拒绝法律援助机构指派的律师为其辩护的,法律援助机构应当准许,并作出终止法律援助的决定;对于有正当理由要求更换律师的,法律援助机构应当另行指派律师为其提供辩护。

对于应当通知辩护的案件,犯罪嫌疑人、被告人拒绝法律援助机构指派的律师为其辩护的,公安机关、人民检察院、人民法院应当查明拒绝的原因,有正当理由的,应当准许,同时告知犯罪嫌疑人、被告人需另行委托辩护人。犯罪嫌疑人、被告人未另行委托辩护人的,公安机关、人民检察院、人民法院应当及时通知法律援助机构另行指派律师为其提供辩护。

第十六条 人民检察院审查批准逮捕时,认为犯罪嫌疑人具有应当通知辩护的情形,公安机关未通知法律援助机构指派律师的,应当通知公安机关予以纠正,公安机关应当将纠正情况通知人民检察院。

第十七条 在案件侦查终结前,承办律师提出要求的,侦查机关应当听取其意见,并记录在案。承办律师提出书面意见的,应当附卷。

第十八条 人民法院决定变更开庭时间的,应当在开庭 3 日前通知承办律师。承办律师有正当理由不能按时出庭的,可以申请人民法院延期开庭。人民法院同意延期开庭的,应当及时通知承办律师。

第十九条 人民法院决定不开庭审理的案件,承办律师应当在接到人民法院不开庭通知之日起 10 日内向人民法院提交书面辩护意见。

第二十条 人民检察院、人民法院应当对承办律师复制案卷材料的费用予以免收或者减收。

第二十一条 公安机关在撤销案件或者移送审查起诉后,人民检察院在作出提起公诉、不起诉或者撤销案件决定后,人民法院在终止审理或者作出裁决后,以及公安机关、人民检察院、人民法院将案件移送其他机关办理后,应当在5日内将相关法律文书副本或者复印件送达承办律师,或者书面告知承办律师。

公安机关的起诉意见书,人民检察院的起诉书、不起诉决定书,人民法院的判决书、裁定书等法律文书,应当载明作出指派的法律援助机构名称、承办律师姓名以及所属单位等情况。

第二十二条 具有下列情形之一的,法律援助机构应当作出终止法律援助决定,制作终止法律援助决定书发送受援人,并自作出决定之日起3日内函告公安机关、人民检察院、人民法院:

(一)受援人的经济收入状况发生变化,不再符合法律援助条件的;

(二)案件终止办理或者已被撤销的;

(三)受援人自行委托辩护人或者代理人的;

(四)受援人要求终止法律援助的,但应当通知辩护的情形除外;

(五)法律、法规规定应当终止的其他情形。

公安机关、人民检察院、人民法院在案件办理过程中发现有前款规定情形的,应当及时函告法律援助机构。

第二十三条 申请人对法律援助机构不予援助的决定有异议的,可以向主管该法律援助机构的司法行政机关提出。司法行政机关应当在收到异议之日起5个工作日内进行审查,经审查认为申请人符合法律援助条件的,应当以书面形式责令法律援助机构及时对该申请人提供法律援助,同时通知申请人;认为申请人不符合法律援助条件的,应当维持法律援助机构不予援助的决定,并书面告知申请人。

受援人对法律援助机构终止法律援助的决定有异议的,按照前款规定办理。

第二十四条 犯罪嫌疑人、被告人及其近亲属、法定代理人,强制医疗案件中的被申请人、被告人的法定代理人认为公安机关、人民检察院、人民法院应当告知其可以向法律援助机构申请法律援助而没有告知,或者应当通知法律援助机构指派律师为其提供辩护或者诉讼代理而没有通知的,有权向同级或者上一级人民检察院申诉或者控告。人民检察院应当对申诉或者控告及时进行审查,情况属实的,通知有关机关予以纠正。

第二十五条 律师应当遵守有关法律法规和法律援助业务规程,做好会见、阅卷、调查取证、解答咨询、参加庭审等工作,依法为受援人提供法律服务。

律师事务所应当对律师办理法律援助案件进行业务指导,督促律师在办案过程中尽职尽责,恪守职业道德和执业纪律。

第二十六条 法律援助机构依法对律师事务所、律师开展法律援助活动进行指导监督,确保办案质量。

司法行政机关和律师协会根据律师事务所、律师履行法律援助义务情况实施奖励和惩戒。

公安机关、人民检察院、人民法院在案件办理过程中发现律师有违法或者违反职业道德和执业纪律行为,损害受援人利益的,应当及时向法律援助机构通报有关情况。

第二十七条 公安机关、人民检察院、人民法院和司法行政机关应当加强协调,建立健全工作机制,做好法律援助咨询、申请转交、组织实施等方面的衔接工作,促进刑事法律援助工作有效开展。

第二十八条 本规定自2013年3月1日起施行。2005年9月28日最高人民法院、最高人民检察院、公安部、司法部下发的《关于刑事诉讼法律援助工作的规定》同时废止。

最高人民法院、司法部
关于民事诉讼法律援助工作的规定

(2005年9月23日发布 司发通[2005]77号
自2005年12月1日起施行)

第一条 为加强和规范民事诉讼法律援助工作,根据《中华人民共和国民事诉讼法》、《中华人民共和国律师法》、《法律援助条例》、《最高人民法院关于对经济确有困难的当事人提供司法救助的规定》(以下简称《司法救助规定》),以及其它相关规定,结合法律援助工作实际,制定本规定。

第二条 公民就《法律援助条例》第十条规定的民事权益事项要求诉讼代理的,可以按照《法律援助条例》第十四条的规定向有关法律援助机构申请法律援助。

第三条 公民经济困难的标准,按案件受理地所在的省、自治区、直辖市人民政府的规定执行。

第四条 法律援助机构受理法律援助申请后,应当依照有关规定及时审查并作出决定。对符合法律援助条件的,决定提供法律援助,并告知该当事人可以向有管辖权的人民法院申请司法救助。对不符合法律援助条件的,作出不予援助的决定。

第五条 申请人对法律援助机构不予援助的决定有异议的,可以向确定该法律援助机构的司法行政部门提出。司法行政部门应当在收到异议之日起5个工作日内进行审查,经审查认为申请人符合法律援助条件的,应当以书面形式责令法律援助机构及时对该申请人提供法律援助,同时通知申请人。认为申请人不符合法律援助条件的,应当维持法律援助机构不予援助的决定,并将维持决定的理由书面告知申请人。

第六条 当事人依据《司法救助规定》的有关规定先行向人民法院申请司法救助获准的,人民法院可以告知其可以按照《法律援助条例》的规定,向法律援助机构申请法律援助。

第七条 当事人以人民法院给予司法救助的决定为依据,向法律援助机构申请法律援助的,法律援助机构对符合《法律援助条例》第十条规定情形的,不再审查其是否符合经济困难标准,应当直接做出给予法律援助的决定。

第八条 当事人以法律援助机构给予法律援助的决定为依据,向人民法院申请司法救助的,人民法院不再审查其是否符合经济困难标准,应当直接做出给予司法救助的决定。

第九条 人民法院依据法律援助机构给予法律援助的决定,准许受援的当事人司法救助的请求的,应当根据《司法救助规定》第五条的规定,先行对当事人作出缓交诉讼费用的决定,待案件审结后再根据案件的具体情况,按照《司法救助规定》第六条的规定决定诉讼费用的负担。

第十条 人民法院应当支持法律援助机构指派或者安排的承办法律援助案件的人员在民事诉讼中实施法律援助,在查阅、摘抄、复制案件材料等方面提供便利条件,对承办法律援助案件的人员复制必要的相关材料的费用应当予以免收或者减收,减收的标准按复制材料所必须的工本费用计算。

第十一条 法律援助案件的受援人依照民事诉讼法的规定申请先予执行,人民法院裁定先予执行的,可以不要求受援人提供相应的担保。

第十二条 实施法律援助的民事诉讼案件出现《法律援助条例》第二十三条规定的终止法律援助或者《司法救助规定》第九条规定的撤销司法救助的情形时,法律援助机构、人民法院均应当在作出终止法律援助决定或者撤销司法救助决定的当日函告对方,对方相应作出撤销决定或者终止决定。

第十三条 承办法律援助案件的人员在办案过程中应当尽职尽责,恪守职业道德和执业纪律。

法律援助机构应当对承办法律援助案件的人员的法律援助活动进行业

务指导和监督,保证法律援助案件质量。

人民法院在办案过程中发现承办法律援助案件的人员违反职业道德和执业纪律,损害受援人利益的,应当及时向作出指派的法律援助机构通报有关情况。

第十四条　人民法院应当在判决书、裁定书中写明做出指派的法律援助机构、承办法律援助案件的人员及其所在的执业机构。

第十五条　本规定自2005年12月1日起施行。最高人民法院、司法部于1999年4月12日下发的《关于民事法律援助工作若干问题的联合通知》与本规定有抵触的,以本规定为准。

法律援助法实施工作办法

(2023年11月20日最高人民法院、最高人民检察院、公安部、司法部发布施行)

第一条　为规范和促进法律援助工作,保障法律正确实施,根据《中华人民共和国法律援助法》等有关法律规定,制定本办法。

第二条　法律援助工作坚持中国共产党领导,坚持以人民为中心,尊重和保障人权,遵循公开、公平、公正的原则,实行国家保障与社会参与相结合。

第三条　司法部指导、监督全国的法律援助工作。县级以上司法行政机关指导、监督本行政区域的法律援助工作。

第四条　人民法院、人民检察院、公安机关应当在各自职责范围内保障当事人依法获得法律援助,为法律援助人员开展工作提供便利。

人民法院、人民检察院、公安机关、司法行政机关应当建立健全沟通协调机制，做好权利告知、申请转交、案件办理等方面的衔接工作，保障法律援助工作正常开展。

第五条 司法行政机关指导、监督法律援助工作，依法履行下列职责：

（一）组织贯彻法律援助法律、法规和规章等，健全法律援助制度，加强信息化建设、人员培训、普法宣传等工作；

（二）指导监督法律援助机构和法律援助工作人员，监督管理法律援助服务质量和经费使用等工作；

（三）协调推进高素质法律援助队伍建设，统筹调配法律服务资源，支持和规范社会力量参与法律援助工作；

（四）对在法律援助工作中做出突出贡献的组织、个人，按照有关规定给予表彰、奖励；

（五）受理和调查处理管辖范围内的法律援助异议、投诉和举报；

（六）建立法律援助信息公开制度，依法向社会公布法律援助相关法律法规、政策公告、案件质量监督管理情况等信息，接受社会监督；

（七）其他依法应当履行的职责。

第六条 人民法院、人民检察院、公安机关在办理案件或者相关事务中，依法履行下列职责：

（一）及时告知有关当事人有权依法申请法律援助，转交被羁押的犯罪嫌疑人、被告人提出的法律援助申请；

（二）告知没有委托辩护人，法律援助机构也没有指派律师为其提供辩护的犯罪嫌疑人、被告人有权约见值班律师，保障值班律师依法提供法律帮助；

（三）刑事案件的犯罪嫌疑人、被告人属于《中华人民共和国法律援助法》规定应当通知辩护情形的，通知法律援助机构指派符合条件的律师担任辩护人；

（四）为法律援助人员依法了解案件有关情况、阅卷、会见等提供便利；

（五）其他依法应当履行的职责。

第七条 看守所、监狱、强制隔离戒毒所等监管场所依法履行下列职责：

（一）转交被羁押的犯罪嫌疑人、被告人、服刑人员，以及强制隔离戒毒人员等提出的法律援助申请；

（二）为法律援助人员依法了解案件有关情况、会见等提供便利；

（三）其他依法应当履行的职责。

第八条 法律援助机构组织实施法律援助工作，依法履行下列职责：

（一）通过服务窗口、电话、网络等多种方式提供法律咨询服务，提示当事人享有依法申请法律援助的权利，并告知申请法律援助的条件和程序；

（二）受理、审查法律援助申请，及时作出给予或者不给予法律援助的决定；

（三）指派或者安排法律援助人员提供符合标准的法律援助服务；

（四）支付法律援助补贴；

（五）根据工作需要设置法律援助工作站或者联络点；

（六）定期向社会公布法律援助资金使用、案件办理、质量考核工作等信息，接受社会监督；

（七）其他依法应当履行的职责。

第九条 人民法院、人民检察院、公安机关依法履行如下告知义务：

（一）公安机关、人民检察院在第一次讯问犯罪嫌疑人或者对犯罪嫌疑人采取强制措施的时候，应当告知犯罪嫌疑人有权委托辩护人，并告知其如果符合法律援助条件，本人及其近亲属可以向法律援助机构申请法律援助；

（二）人民检察院自收到移送审查起诉的案件材料之日起三日内，应当告知犯罪嫌疑人有权委托辩护人，并告知其如果符合法律援助条件，本人及其近亲属可以向法律援助机构申请法律援助，应当告知被害人及其法定代理人或者近亲属有权委托诉讼代理人，并告知其如果符合法律援助条件，可以向法律援助机构申请法律援助；

（三）人民法院自受理案件之日起三日内，应当告知案件当事人及其法定代理人或者近亲属有权依法申请法律援助；

（四）当事人不服司法机关生效裁判或者决定提出申诉或者申请再审，人民法院决定、裁定再审或者人民检察院提出抗诉的，应当自决定、裁定再审或者提出抗诉之日起三日内履行相关告知职责；

（五）犯罪嫌疑人、被告人具有《中华人民共和国法律援助法》第二十五条规定情形的,人民法院、人民检察院、公安机关应当告知其如果不委托辩护人,将依法通知法律援助机构为其指派辩护人。

第十条 告知可以采取口头或者书面方式,告知的内容应当易于被告知人理解。当面口头告知的,应当制作笔录,由被告知人签名;电话告知的,应当记录在案;书面告知的,应当将送达回执入卷。对于被告知人当场表达申请法律援助意愿的,应当记录在案。

第十一条 被羁押的犯罪嫌疑人、被告人、服刑人员,以及强制隔离戒毒人员等提出法律援助申请的,人民法院、人民检察院、公安机关及监管场所应当在收到申请后二十四小时内将申请转交法律援助机构,并于三日内通知申请人的法定代理人、近亲属或者其委托的其他人员协助向法律援助机构提供有关证件、证明等材料。因申请人原因无法通知其法定代理人、近亲属或者其委托的其他人员的,应当在转交申请时一并告知法律援助机构,法律援助机构应当做好记录。

对于犯罪嫌疑人、被告人申请法律援助的案件,法律援助机构可以向人民法院、人民检察院、公安机关了解案件办理过程中掌握的犯罪嫌疑人、被告人是否具有经济困难等法定法律援助申请条件的情况。

第十二条 人民法院、人民检察院、公安机关发现犯罪嫌疑人、被告人属于《中华人民共和国法律援助法》规定应当通知辩护情形的,应当自发现之日起三日内,通知法律援助机构指派律师。

人民法院、人民检察院、公安机关通知法律援助机构指派律师担任辩护人的,应当将法律援助通知文书、采取强制措施决定书或者起诉意见书、起诉书副本、判决书等文书材料送交法律援助机构。

法律援助通知文书应当载明犯罪嫌疑人或者被告人的姓名、涉嫌的罪名、羁押场所或者住所、通知辩护的理由和依据、办案机关联系人姓名和联系方式等。

第十三条 人民法院自受理强制医疗申请或者发现被告人符合强制医疗条件之日起三日内,对于被申请人或者被告人没有委托诉讼代理人的,应当向法律援助机构送交法律援助通知文书,通知法律援助机构指派律师担任被申请人或者被告人的诉讼代理人,为其提供法律援助。

人民检察院提出强制医疗申请的,人民法院应当将强制医疗申请书副本一并送交法律援助机构。

法律援助通知文书应当载明被申请人或者被告人的姓名、法定代理人的姓名和联系方式、办案机关及联系人姓名和联系方式。

第十四条 值班律师依法为没有辩护人的犯罪嫌疑人、被告人提供法律咨询、程序选择建议、申请变更强制措施、对案件处理提出意见等法律帮助。

人民法院、人民检察院、公安机关应当在确定的法律帮助日期前三个工作日,将法律帮助通知书送达法律援助机构,或者直接送达现场值班律师。该期间没有安排现场值班律师的,法律援助机构应当自收到法律帮助通知书之日起两个工作日内确定值班律师,并通知人民法院、人民检察院、公安机关。

第十五条 当事人以人民法院、人民检察院、公安机关给予国家司法救助的决定或者人民法院给予司法救助的决定为依据,向法律援助机构申请法律援助的,法律援助机构免予核查经济困难状况。

第十六条 法律援助机构应当自收到法律援助申请之日起七日内进行审查,作出是否给予法律援助的决定。决定给予法律援助的,应当自作出决定之日起三日内指派法律援助人员为受援人提供法律援助;决定不给予法律援助的,应当书面告知申请人,并说明理由。

法律援助机构应当自收到人民法院、人民检察院、公安机关的法律援助通知文书之日起三日内,指派律师并函告人民法院、人民检察院、公安机关,法律援助公函应当载明承办律师的姓名、所属单位及联系方式。

第十七条 法律援助人员应当遵守有关法律、法规、规章和规定,根据案件情况做好会见、阅卷、调查情况、收集证据、参加庭审、提交书面意见等工作,依法为受援人提供符合标准的法律援助服务。

第十八条 人民法院确定案件开庭日期时,应当为法律援助人员出庭预留必要的准备时间,并在开庭三日前通知法律援助人员,但法律另有规定的除外。

人民法院决定变更开庭日期的,应当在开庭三日前通知法律援助人员,但法律另有规定的除外。法律援助人员有正当理由不能按时出庭的,可以申请人民法院延期开庭。人民法院同意延期开庭的,应当及时通知法律援助人员。

第十九条　人民法院、人民检察院、公安机关对犯罪嫌疑人、被告人变更强制措施或者羁押场所的,应当及时告知承办法律援助案件的律师。

第二十条　对于刑事法律援助案件,公安机关在撤销案件或者移送审查起诉后,人民检察院在作出提起公诉、不起诉或者撤销案件决定后,人民法院在终止审理或者作出裁决后,以及公安机关、人民检察院、人民法院将案件移送其他机关办理后,应当在五日内将相关法律文书副本或者复印件送达承办法律援助案件的律师。

公安机关的起诉意见书,人民检察院的起诉书、不起诉决定书,人民法院的判决书、裁定书等法律文书,应当载明作出指派的法律援助机构名称、承办律师姓名以及所属单位等情况。

第二十一条　法律援助人员应当及时接收所承办案件的判决书、裁定书、调解书、仲裁裁决书、行政复议决定书等相关法律文书,并按规定提交结案归档材料。

第二十二条　具有《中华人民共和国法律援助法》第四十八条规定情形之一的,法律援助机构应当作出终止法律援助决定,制作终止法律援助决定书送达受援人,并自作出决定之日起三日内函告人民法院、人民检察院、公安机关。

人民法院、人民检察院、公安机关在案件办理过程中发现有前款规定情形的,应当及时函告法律援助机构。

第二十三条　被告人拒绝法律援助机构指派的律师为其辩护,坚持自己行使辩护权,人民法院依法准许的,法律援助机构应当作出终止法律援助的决定。

对于应当通知辩护的案件,犯罪嫌疑人、被告人拒绝指派的律师为其辩护的,人民法院、人民检察院、公安机关应当查明原因。理由正当的,应当准许,但犯罪嫌疑人、被告人应当在五日内另行委托辩护人;犯罪嫌疑人、被告人未另行委托辩护人的,人民法院、人民检察院、公安机关应当在三日内通知法律援助机构另行指派律师为其提供辩护。

第二十四条　法律援助人员的人身安全和职业尊严受法律保护。

对任何干涉法律援助人员履行职责的行为，法律援助人员有权拒绝，并按照规定如实记录和报告。对于侵犯法律援助人员权利的行为，法律援助人员有权提出控告。

法律援助人员因依法履行职责遭受不实举报、诬告陷害、侮辱诽谤，致使名誉受到损害的，依法追究相关单位或者个人的责任。

第二十五条　人民法院、人民检察院、公安机关、司法行政机关应当加强信息化建设，建立完善法律援助信息交换平台，实现业务协同、信息互联互通，运用现代信息技术及时准确传输交换有关法律文书，提高法律援助信息化水平，保障法律援助工作有效开展。

第二十六条　法律援助机构应当综合运用庭审旁听、案卷检查、征询司法机关意见和回访受援人等措施，督促法律援助人员提升服务质量。

人民法院、人民检察院、公安机关应当配合司法行政机关、法律援助机构做好法律援助服务质量监督相关工作，协助司法行政机关、法律援助机构调查核实投诉举报情况，回复征询意见。

第二十七条　人民法院、人民检察院、公安机关在案件办理过程中发现法律援助人员有违法违规行为的，应当及时向司法行政机关、法律援助机构通报有关情况，司法行政机关、法律援助机构应当将调查处理结果反馈通报单位。

第二十八条　国家安全机关、军队保卫部门、中国海警局、监狱办理刑事案件，除法律有特别规定的以外，适用本办法中有关公安机关的规定。

第二十九条　本办法所称法律援助人员，是指接受法律援助机构的指派或者安排，依法为经济困难公民和符合法定条件的其他当事人提供法律援助服务的律师、基层法律服务工作者、法律援助志愿者以及法律援助机构中具有律师资格或者法律职业资格的工作人员等。

第三十条　本办法自发布之日起施行。

法律援助志愿者管理办法

(2021年12月31日司法部、中央文明办发布)

第一章 总 则

第一条 为鼓励和规范社会力量参与法律援助志愿服务,保障法律援助志愿者、志愿服务对象及法律援助机构等招募单位的合法权益,发展法律援助志愿服务事业,根据《中华人民共和国法律援助法》《志愿服务条例》等规定,制定本办法。

第二条 本办法适用于由法律援助机构或受其委托的事业单位、社会组织,以及工会、共产主义青年团、妇女联合会、残疾人联合会等群团组织,组织招募志愿者开展的法律援助志愿服务活动。

本办法不适用于公民自行开展的公益法律服务。

第三条 本办法所称法律援助志愿者,是指根据法律援助机构等单位安排,运用自身专业知识和技能无偿提供法律援助及相关服务的公民。

第四条 开展法律援助志愿服务,应当遵循自愿、无偿、平等、诚信、合法的原则,不得违背社会公德、损害社会公共利益和他人合法权益。

第五条 司法行政、财政、民政、教育、卫生健康(老龄办)、共产主义青年团等部门和单位应当采取措施,鼓励公民提供法律援助志愿服务。

第六条 国务院司法行政部门指导、监督全国的法律援助志愿服务活动。县级以上地方人民政府司法行政部门指导、监督本行政区域的法律援助志愿服务活动。

法律援助机构负责组织实施法律援助志愿服务活动,可以委托事业单位、社会组织招募法律援助志愿者,开展法律援助志愿服务活动。

第二章 服务范围和申请条件

第七条 根据自身专业知识和技能情况,法律援助志愿者可以提供下列服务:

(一)法律咨询、代拟法律文书、刑事辩护与代理、民事案件、行政案件、国家赔偿案件的诉讼代理及非诉讼代理、值班律师法律帮助、劳动争议调解与仲裁代理等法律援助服务;

(二)为受援人提供外语、少数民族语言翻译、心理疏导等相关服务;

(三)为有需要的残疾受援人提供盲文、手语翻译等无障碍服务;

(四)为法律援助经费筹集提供支持,参与法律援助的宣传、培训、理论研究、案件质量评估等工作。

第八条 公民申请成为法律援助志愿者,应当年满18周岁,具有奉献精神,遵纪守法,热爱法律援助和志愿服务事业。

第九条 申请提供刑事辩护与代理和值班律师法律帮助的法律援助志愿者,应当提供律师执业证书。

申请提供心理疏导、翻译服务的法律援助志愿者,一般需提供职业资格证书或学历学位证书。

第十条 有下列情形之一的,法律援助机构等招募单位不得审核其成为法律援助志愿者:

(一)无民事行为能力或者限制民事行为能力的;

(二)因故意犯罪受过刑事处罚的;

(三)被吊销律师、公证员执业证书的;

(四)因违法违规被取消法律援助志愿者身份的。

第三章 权利和义务

第十一条 法律援助志愿者享有以下权利:

(一)根据自己的意愿、时间和技能提供法律援助志愿服务;

（二）获得法律援助志愿服务内容的必要信息、安全教育、技能培训、志愿者服务证及胸章、服务记录证明；

（三）提供服务后按规定领取法律援助补贴中的直接费用；

（四）相关法律、法规、规章赋予的其他权利。

第十二条　法律援助志愿者应当履行以下义务：

（一）履行志愿服务协议或承诺，提供符合标准的法律援助服务；

（二）保守国家秘密、商业秘密和个人隐私，不得向他人泄露志愿服务中掌握的案件情况；

（三）因故不能参加或完成预先约定的法律援助志愿服务，应当提前告知；

（四）不得以法律援助志愿者名义从事营利性活动，不得向受援人收取财物或接受其他利益；

（五）相关法律、法规规定的其他义务。

第四章　服务管理

第十三条　法律援助机构等招募单位，可以根据工作需要制定法律援助志愿者招募计划，发布真实、准确、完整的招募信息，并负责组织做好相关工作。

第十四条　申请人申请成为法律援助志愿者，应当按照法律援助机构等招募单位要求，提交法律援助志愿者申请表，提供身份信息、服务技能、服务时间和联系方式等基本信息。

第十五条　经法律援助机构等招募单位审核后，申请人可以登录全国性志愿服务平台自行注册信息，也可以通过法律援助机构等招募单位注册。

第十六条　法律援助机构等招募单位应当如实记录法律援助志愿者的注册信息、志愿服务情况、评价情况、参加培训和获得表彰奖励等信息，并根据记录的信息出具法律援助志愿服务记录证明。

第十七条　法律援助志愿服务时长以小时为单位进行记录，原则上每天记录时长不超过8小时，超出时长的需要单独记录并作出说明。

第十八条　司法行政机关可以根据法律援助志愿者的服务时长、服务效果及综合评价等,建立健全法律援助志愿者星级服务评估评选机制。

第十九条 法律援助志愿者可以提出退出法律援助志愿者队伍的申请,法律援助机构等招募单位应当在收到其退出申请后的十五个工作日内完成相关工作。

第二十条 法律援助志愿者有下列情形之一的,法律援助机构核实后,对造成不良影响的,应当取消或通知招募单位取消其法律援助志愿者身份,并以适当方式告知本人:

(一)以法律援助志愿者名义进行营利性活动,或者收取受援人财物或其他利益的;

(二)同一年度内三次不能完成预先约定的服务,或者因服务质量不合格被受援人投诉三次以上的;

(三)违反相关执业行为规范的;

(四)法律、法规规定的其他情形。

第二十一条 法律援助志愿者在志愿服务中存在违法行为的,司法行政机关应当依法予以处理,并由法律援助机构等招募单位取消其法律援助志愿者身份。

第五章 激励保障

第二十二条 法律援助机构等招募单位应当为法律援助志愿者提供必要的工作条件,组织业务培训,支付法律援助志愿者提供服务过程中实际产生的差旅费、邮电费、印刷费、调查取证费、翻译费、公证费和鉴定费等直接费用。

组织可能发生人身危险或为期一年以上的专项法律援助志愿服务活动的,法律援助机构等招募单位应当与志愿者签订服务协议,为志愿者购买相应的人身意外伤害保险。

法律援助志愿者在提供志愿服务过程中受到人身、财产权益侵害的,法律援助机构等招募单位应当提供必要帮助,依法维护法律援助志愿者的合法权益。

第二十三条 司法行政机关应当根据国家有关规定,协调参与法律援助志愿服务相关部门,建立健全法律援助志愿服务激励机制,开展法律援助志愿服务宣传,提供必要的经费、培训和场所支持,推动法律援助志愿者在就学、公共服务、表彰奖励等方面享有本地区关于志愿者的优惠奖励政策,并按规定落实就业、社会保障政策。

第二十四条 司法行政机关应当与文明办、民政、教育、卫生健康(老龄办)、共产主义青年团等部门和单位建立法律援助志愿服务工作协作、信息共享机制。

司法行政和教育部门应当共同鼓励和支持高等院校师生提供法律援助志愿服务,可以将在校师生参与法律援助志愿服务的情况,作为教师业绩评价的参考,探索将法律援助志愿服务纳入学生实习、实训和实践课程。

鼓励具备条件的地方团委和高等院校招募大学生法律援助志愿者,积极提供法律援助志愿服务。

第二十五条 高等院校、科研机构可以组织从事法学教育、研究工作的人员和法学专业学生作为法律援助志愿者,在司法行政部门指导下,依法为经济困难公民和符合法定条件的其他当事人提供法律咨询、代拟法律文书、案件代理、劳动争议调解与仲裁代理服务。

第二十六条 司法行政机关应当加强与工会、共产主义青年团、妇女联合会、残疾人联合会、老龄协会等沟通协调,建立法律援助志愿服务工作协作机制,共同开展针对困难职工、进城务工人员、未成年人、妇女、残疾人、老年人等特定群体的专项法律援助志愿服务活动。

事业单位、社会组织受法律援助机构委托招募法律援助志愿者,或者工会、共产主义青年团、妇女联合会、残疾人联合会等群团组织自行组织招募的,应当接受法律援助机构的业务指导,引导志愿者落实法律援助服务标准,有关工作进行备案登记。

第二十七条 司法行政机关应当与文明办、民政、卫生健康(老龄办)、共产主义青年团等部门和单位加强协作,共享全国性志愿服务平台有关法律援助志愿信息,依托现有志愿服务平台建立法律援助志愿服务信息登录和注册页面,实现法律援助志愿者的网上申请、审核等管理,以及志愿服务信息的查询、下载。

第二十八条 对在法律援助志愿服务中做出突出贡献的个人,由司法行政机关按照法律、法规和国家有关规定予以表彰、奖励。

第六章 附 则

第二十九条 除本办法外,关于法律援助志愿者的管理,还应当遵守国家和地方精神文明建设指导机构及各级民政部门有关志愿服务的相关规定。

第三十条 法律援助志愿者通过志愿服务项目提供法律援助服务的,按照本办法相关规定和项目协议执行。接受服务地法律援助机构指派办理案件的,与当地法律援助人员领取同等的法律援助补贴。

第三十一条 本办法所称招募单位,包括法律援助机构,受法律援助机构委托开展法律援助志愿服务活动的事业单位、社会组织,以及工会、共产主义青年团、妇女联合会、残疾人联合会等群团组织。

第三十二条 本办法的解释权属于国务院司法行政部门。

第三十三条 本办法自发布之日起施行。

附录二 典型案例

司法部发布法律援助工作指导案例[*]

（2022 年 9 月 5 日发布）

为充分发挥司法行政职能作用，指导和规范法律援助工作，更好地为人民群众提供公共法律服务，2022 年 9 月 5 日，司法部发布"重庆市潼南区法律援助中心对谭某等 19 名农民工劳动争议提供法律援助案""上海市青浦区法律援助中心对未成年人徐某涉嫌故意伤害罪提供法律援助案""广东省广州市法律援助处对农民工张某劳动争议纠纷提供法律援助案""浙江省宁波市江北区法律援助中心对徐某医疗损害责任纠纷提供法律援助案""安徽省六安市霍邱县法律援助中心对农民工王某某矽肺职业病工伤赔偿纠纷提供法律援助案"等 5 个案例，旨在向社会展示法律援助在全面推进依法治国、保障服务民生、维护人民群众合法权益方面的良好效果，为指导促进全国法律援助工作发展提供可推广、可复制、可借鉴的典型经验。

法律援助是国家建立的为经济困难公民和其他符合条件的当事人无偿提供法律咨询、代理、刑事辩护等法律服务的制度，在维护当事人合法权益、保障法律正确实施和维护社会公平正义方面发挥着重要作用。2021 年 8 月《中华人民共和国法律援助法》颁布并于 2022 年 1 月 1 日实施，法律援助工作进入了新的发展阶段。此次发布的案例集中在劳动纠纷、医疗事故赔偿纠纷、工伤事故纠纷等事项范围，受援人包括了农民工、未成年人、退休军人

---

[*] 本文摘自司法部官网，网址：https://www.moj.gov.cn/pub/sfbgw/gwxw/rwyw/202209/t20220905_462950.html。

遗属等，展现了法律援助作为国家的重要制度安排，在维护法律平等、保障公民合法权益中的重要作用。5个案例中，有的法律关系复杂，有的历经多个诉讼程序，法律援助律师从法治为民、维护群众合法权益出发，依法办案，充分发挥专业优势，用心用情做好援助服务，最大限度保护了受援人的合法权益，具有较强的典型性、示范性、借鉴性和指导性。

目前，各级司法行政机关法律援助机构坚持以习近平新时代中国特色社会主义思想为指导，深入贯彻落实习近平法治思想，不断推进法律援助法落地落实，不断提高法律援助服务质量，努力让人民群众在每一起案件中感受到公平正义。

以上案例均可在12348中国法律服务网"司法行政（法律服务）案例库"中搜索查阅。

案例一

重庆市潼南区法律援助中心对谭某等19名农民工劳动争议提供法律援助案

案例简介：

谭某等19人系重庆市某科技股份有限公司生产部员工，双方签有书面劳动合同。2021年4月27日，谭某等人因公司疫情期间拖欠工资和解除劳动合同事宜向重庆市潼南区法律援助中心申请法律援助。法律援助中心经审查，认为谭某等19人符合法律援助条件指派重庆渝潼律师事务所律师吴毅承办该案。

因人数较多，承办律师根据每个人的工资标准、工资发放情况、欠付工资金额、劳动合同期限等具体情况，分别制作了劳动仲裁申请书，并指导谭某等人通过快递向公司寄出《解除劳动合同通知书》。

2021年5月10日，承办律师代谭某等人向潼南区劳动人事争议仲裁委员会提交劳动仲裁申请。庭审中，承办律师依据事实和法律，提出以下代理意见：

根据规定，企业因疫情防控期间停工停产一个工资周期内的应按劳动合同规定的标准支付劳动者工资。公司应按劳动合同规定的标准支付谭某等人 2020 年 2 月的工资。

2020 年 1 月 13 日至 2 月 1 日是公司安排的春节正常放假，谭某等人未提供正常劳动并非其本人原因造成。根据相关法律规定，公司应按最低工资标准补齐 2020 年 1 月份工资。

2021 年春节假期满后，公司仍未安排谭某等人上班，直至 2021 年 4 月 26 日谭某等人按相关法律规定解除劳动合同，一共停工停产 68 天，此段时间停工停产非因谭某等人原因造成。公司应在停工停产一个工资支付周期内按照劳动合同规定的标准支付工资，超过一个工资支付周期的按照最低工资标准的 70% 支付生活费。

因公司存在未及时足额支付劳动者劳动报酬及停工停产生活费的行为，应向谭某等人支付经济补偿。

仲裁委经审理后，采纳了承办律师的意见，于 2021 年 6 月作出裁决：由重庆市某科技股份有限公司向谭某等人支付 2020 年 1、2 月、2021 年 2 月工资、2021 年 3 月 1 日至 4 月 26 日期间的生活费及解除劳动合同经济补偿共计 35.7684 万元。

案例编号：CQFYGL1642559980

案例二

上海市青浦区法律援助中心对未成年人徐某涉嫌故意伤害罪提供法律援助案

案例简介：

2020 年 10 月 27 日，徐某在上班时与同事刘某发生口角并踢了刘某一脚，致使刘某右腿膝盖受伤。2020 年 11 月 18 日，经司法鉴定，刘某遭外力作用,致右胫骨平台骨折,评定为轻伤二级。2020年12月9日,徐某因涉嫌故意伤害罪被上海市公安局青浦分局取保候审。

因徐某系未成年人,根据刑事案件律师辩护全覆盖的有关规定,2021年7月,上海市青浦区法律援助中心收到青浦区人民检察院指派辩护通知后,指派上海衡茂律师事务所俞献强律师为徐某在审查起诉阶段提供法律援助。

承办律师经过阅卷、会见,并与承办检察官沟通案情后提交了辩护意见:徐某实施故意伤害行为时系年满十六周岁未满十八周岁的未成年人,根据刑法有关规定,应当从轻、减轻处罚;徐某在被害人报警后等待民警到场并至派出所都积极配合公安机关调查,从始至终,徐某均如实供述了自己的违法行为,应当认定为自首;徐某表示自愿认罪认罚,应对其适用认罪认罚从宽制度;本案犯罪情节轻微。徐某一时冲动踢了被害人一脚致其受伤,而非蓄意伤人,且其愿意对被害人进行赔偿;徐某未有违法犯罪前科,系初犯、偶犯;徐某在取保候审期间充分遵守规定,配合办案,也表达了深深的愧疚和悔过之意。基于上述理由,希望检察院能本着办理未成年人案件教育为主、惩罚为辅的精神,对徐某从轻或减轻处罚,适用附条件不起诉。

随后,承办律师与被害人父亲就赔偿事宜进行了多次沟通、磋商,达成了赔偿方案,被害人出具了刑事谅解书,对徐某的伤害行为表示了谅解。

2021年9月18日,青浦区人民检察院采纳了承办律师的辩护意见,作出《附条件不起诉决定书》,决定对徐某附条件不起诉。

案例编号:SHFYGL1640919545

案例三

广东省广州市法律援助处
对农民工张某劳动争议纠纷
提供法律援助案

案例简介：

农民工张某,于2000年7月16日入职某公司担任租赁站建材保管和养护工,全年几乎无休。某公司未与张某签订过劳动合同,也未为张某缴纳过社保。自2019年3月起,某公司多次口头通知张某解除劳动关系,但因补偿金问题协商未果。某公司继续表达辞退的意思但又不出具书面通知,张某仍继续上班。

2019年5月5日,广州市法律援助处收到张某的法律援助申请。经审查,决定为其提供法律援助并指派北京市安博(广州)律师事务所周睿律师办理该案。

因张某并不清楚自己单位的准确名称,承办律师指导张某去银行网点取得了近15年的工资流水,并查明近5年工资的发薪单位名称是某公司,解决了诉讼主体的问题。2019年5月,张某向广州市劳动调解争议仲裁委员会申请劳动争议仲裁。

2019年9月,广州市劳动调解争议仲裁委员会裁决确认张某与某公司2014年9月1日至2019年5月20日存在劳动关系。双方均不服仲裁裁决,起诉至广州市天河区人民法院。

2020年5月,广州市天河区人民法院判决确认张某与某公司2014年9月1日至2019年9月30日存在劳动关系,并按相应期间支付违法解约赔偿金。对于一审判决,双方均不服,向广州市中级人民法院提起上诉。

二审期间,承办律师申请了律师调查令,前往银行调查获得关键证据,证明自2005年8月1日起,张某的发薪单位均是某公司或者其子公司、分公司。2020年11月,广州市中级人民法院据此判决确认张某与某公司自2005年8月1日至2019年9月30日存在劳动关系。

之后,承办律师指导张某持判决书向某公司所在地的湖北省社保主管部门申请追缴自2005年8月至2019年9月的社保,后某公司完成补缴。

随后,承办律师继续代理张某申请劳动仲裁,要求某公司支付违法解除劳动合同赔偿金约12万元,获得支持。裁决后,某公司不服,向番禺区人民法院起诉。2021年11月16日,番禺区人民法院判决维持仲裁裁决,本案得到圆满解决。

案例编号:GDFYGL1637897916

案例四

浙江省宁波市江北区法律援助中心对徐某医疗损害责任纠纷提供法律援助案

案例简介:

2015年4月,徐某因"排尿终末疼痛5天"就诊于浙江省某医院,医院为其进行相应检查并以"膀胱结石"进行开药处理,但患者病情并未好转反而加重,后因膀胱癌治疗无效不幸于2018年6月3日离世。徐某的妻子与女儿认为某医院在2015年4月的超声等检查中存在误诊等医疗过错。徐某女儿与某医院共同申请当地医学会进行医疗损害鉴定。鉴定意见认为,医院存在医疗过错,对患者徐某死亡承担次要责任。因医患双方协商不成,徐某家属于2020年4月23日向宁波市江北区法律援助中心申请法律援助。江北区法律援助中心经审查,认为符合法律援助条件,于同日指派浙江鑫目律师事务所章李律师承办此案。

承办律师经多次与当地医疗纠纷理赔中心沟通,并多次咨询相关专家及省级医学会意见,在对患者的病历资料及医疗费票据等证据完成整理后,以当地医学会出具的鉴定意见为依据,代理受援人向江北区人民法院提起诉讼。

2020年11月17日,江北区人民法院受理本案。经承办律师与法院、医院沟通,就医方的具体过错行为的严重性进行详细论证,成功说服医院承担40%赔偿责任。承办律师还找出相应法律依据、类似判例,跟法院进行沟通,认为患者医疗费报销部分属于投保后的保险利益所得,仍应计入赔偿金额,不能因此减轻医院的赔偿责任。

在法院调解下,某医院同意按照次要责任中最高的赔偿比例即40%赔偿责任进行赔偿。最终原告顺利拿到了50多万赔偿款,合法权益受到保护。

案例编号:ZJFYGL1615960516

案例五

安徽省六安市霍邱县法律援助中心对农民工王某某矽肺职业病工伤赔偿纠纷提供法律援助案

案例简介:

2002年6月至2013年8月,农民工王某某在安徽省某矿业集团有限公司(以下简称矿业公司)从事炮工工作。2013年8月,矿业公司因发生安全事故停产,王某某在家等待复工期间发觉身体不适前往医院诊治。2018年11月14日经六安市某医院诊断为职业性矽肺壹期。2019年2月25日经霍邱县人力资源和社会保障局认定其患职业病(矽肺)为工伤,并经相关部门鉴定王某某为劳动功能障碍七级。

王某某就工伤赔偿事宜来到霍邱县法律援助中心请求帮助。法律援助中心经审核决定给予法律援助,并指派安徽兴隆律师事务所聂珺律师承办此案。

承办律师多次前往矿业公司进行沟通协商,但矿业公司均以自己不应当承担责任为由拒绝调解。2019年9月1日承办律师代受援人向霍邱县劳动仲裁庭申请仲裁。

仲裁庭审中,矿业公司提出王某某所在工作场所系陕西某公司承包,王某某的实际用工单位也是该公司，王某某与本矿业公司不存在劳动合同关系。承办律师对被申请人提交的证据逐一质证，提出了反驳意见。仲裁委员会经查明后，当庭驳回了矿业公司的申请。

承办律师抓住三个关键点提出代理意见：第一，根据霍邱县人力资源和社会保障局作出的工伤认定，王某某请求解除与矿业公司之间的劳动关系，并要求支付一次性工伤医疗补助金和一次性伤残就业补助金具有事实和法律依据。第二，王某某的职业病诊断、工伤认定及劳动功能障碍程度鉴定程序合法、结果客观公正，矿业公司依法应承担职业病工伤事故法律责任。第三，王某某主张的赔偿项目和具体赔偿数额符合法律规定，并有证据佐证，因矿业公司未给王某某缴纳工伤保险，应按照七级工伤保险待遇的项目和标准支付一次性伤残补助金等相关费用。

2020年11月6日，霍邱县劳动人事争议仲裁委员会裁定王某某与矿业公司解除劳动关系，矿业公司向王某某支付各项费用合计316801元。

案例编号：AHFYGL1635300191

司法部发布法律援助工作指导案例[*]

（2023年9月27日发布）

《中华人民共和国法律援助法》2022年1月1日实施以来，各级司法行政机关和法律援助机构认真贯彻法律援助法规定，坚持依法办案，热情服务，持续提高办案质量，努力在每一起援助案件中让人民群众感受到公平正义。为充分发挥典型案例的指导示范作用，2023年9月27日，司法部发布

---

[*] 本文摘自司法部官网，网址：https://www.moj.gov.cn/pub/sfbgw/gwxw/xwyw/szywbnyw/202309/t20230927_487013.html。

"安徽省淮南市八公山区法律援助中心对杨某请求宣告公民无民事行为能力提供法律援助案""重庆市奉节县法律援助中心对未成年人浩浩抚养费纠纷提供法律援助案""黑龙江省齐齐哈尔市龙江县法律援助中心对受家庭暴力妇女马某提供法律援助案""河北省唐山市丰润区法律援助中心对李某某交通事故损害赔偿提供法律援助案"4个指导案例，向社会展示法律援助在依法维护人民群众合法权益方面取得的良好效果，同时也为法律援助人员依法办案提供可推广、可复制、可借鉴的典型经验，促进法律援助工作规范发展。

此次发布的案例集中在申请宣告公民无民事行为能力、未成年人抚养费纠纷、遭受家庭暴力妇女离婚纠纷、交通事故损害赔偿等事项，受援群体包括了残疾人、未成年人、妇女、老年人等，展现了法律援助作为国家的重要制度安排，对重点困难群体的关爱保护。在案件办理过程中，法律援助机构根据案情不同，通过依法采取启动绿色通道、免予审查受援人经济困难状况等便民利民措施，让受援人获得更加及时便捷、优质高效的服务，充分体现了法律援助暖民心、惠民生的价值追求。

通过此次案例发布，希望各级司法行政机关和法律援助机构进一步贯彻落实习近平法治思想，坚持以人民为中心，践行司法为民宗旨，落实法律援助法规定，依法多办案、办好案，让法律援助惠及更多人民群众。

以上案例均可在中国法律服务网"司法行政（法律服务）案例库"中搜索查阅。

案例一

安徽省淮南市八公山区法律援助中心对杨某请求宣告公民无民事行为能力提供法律援助案

案例简介：
杨某某年幼时患过"乙脑"，导致智力发育受到严重影响。2008年，经残疾鉴定,杨某某被评定为二级智力残疾,并办理了残疾证。2022年,杨某某家庭面临拆迁安置,因杨某某为二级智力残疾人,导致很多拆迁安置手续无法正常办理。

杨某某的家人向法律援助中心进行了电话咨询,值班律师认为杨某某目前的情况,需要通过诉讼途径认定其为无民事行为能力人或者限制民事行为能力人,并指定监护人代为实施民事行为。因杨某某系残疾人,值班律师引导杨某某及家人依法申请法律援助。

2022年7月初,杨某某在其姐姐杨某等家人的陪同下,来到安徽省淮南市八公山区法律援助中心申请法律援助。淮南市八公山区法律援助中心根据法律援助法相关规定,经审查,决定给予杨某某法律援助,并指派安徽法田律师事务所王晨律师承办此案。

承办律师了解到,杨某某身体左侧偏瘫不能完全正常行走,日常个人生活不能自理,需要家人照料。且杨某某因智力残疾不能正常交流,无法表达自己的意思,不能辨认或者不能完全辨认自己行为。承办律师初步判断,杨某某属于法律意义上的无民事行为能力人或者限制民事行为能力人。经过律师释法,杨某某家人同意了申请宣告杨某某为无民事行为能力人。承办律师代为起草了申请书,2022年7月18日,以杨某作为申请人,向淮南市八公山区人民法院提起了特别程序诉讼,申请宣告杨某某为无民事行为能力人,并要求法院指定杨父、杨某为其监护人。

案件受理后,经法院指定,承办律师陪同杨某某,前往安徽某司法鉴定所,对其精神状况进行司法鉴定。鉴定结论为:1.器质性精神障碍;2.目前无民事行为能力。2022年8月31日,淮南市八公山区人民法院依据该司法鉴定意见,适用特别程序,作出民事判决书,宣告杨某某为无民事行为能力人,并指定杨父、杨某为杨某某的监护人。

案例编号:AHFYGL1669610350

案例二

重庆市奉节县法律援助中心对未成年人浩浩抚养费纠纷提供法律援助案

案例简介：

2008年3月31日，郭某与向某登记结婚，婚后生育一子浩浩（化名）。2012年2月10日，郭、向二人因感情不和协议离婚。离婚协议约定：浩浩随母亲郭某共同生活，父亲向某不承担任何费用；在不影响孩子学习和生活的情况下，父亲可随时探望孩子。多年来，浩浩一直由母亲独自抚养，父亲从未支付过任何费用，也很少见面或联系。

2014年3月，郭某与同样携带一女的赵某再婚。2020年6月，两人生育一女，因孩子年幼，郭某便一直在家操持家务，夫妻二人带着三个孩子仅靠赵某微薄的收入生活。此外，随着浩浩日益长大，生活、学习等各项开支也越来越大。无奈之下，郭某便电话联系到向某，要求其支付浩浩的抚养费，但向某以离婚协议早有约定为由拒绝。

2022年1月6日，郭某作为浩浩的法定代理人向重庆市奉节县法律援助中心申请法律援助。奉节县法律援助中心立即启动未成年人法律援助绿色通道，经审查，认为符合法律援助法规定，决定给予法律援助，并立即指派重庆赤甲律师事务所张蔚萍律师承办此案。

承办律师接受指派后，立即约见受援人，详细了解案情，仔细查阅证据材料，并向其陈述了办案思路，获受援人认可。2022年1月7日，承办律师代受援人向重庆市奉节县人民法院提起诉讼。

2022年3月16日，法院开庭审理此案。庭审中，承办律师提出了以下代理意见：1.向某作为父亲对浩浩负有法定的抚养义务；2.离婚协议约定的效力并不能对抗法律上父母双方对浩浩的抚养义务；3.母亲郭某家庭经济困难，而父亲向某经济状况较好，能承担抚养义务。

法院经审理后，采纳了承办律师的意见，于2022年3月18日作出判决：

向某从2022年4月起,每月月底前向浩浩支付抚养费800元,至其年满十八周岁为止。至此本案办结。经回访,受援人及其代理人对案件结果表示满意。

案例编号:CQFYGL1672043433

案例三

黑龙江省齐齐哈尔市龙江县法律援助中心对受家庭暴力妇女马某提供法律援助案

案例简介:

马某和张某于2003年登记结婚,婚后育有一女张某某。因不堪忍受丈夫长期家暴,马某于2022年1月18日向黑龙江省齐齐哈尔市龙江县人民法院起诉,要求与张某离婚,并向龙江县妇联寻求帮助。2022年2月14日,龙江县妇联向龙江县法律援助中心反映了相关情况。龙江县法律援助中心立即与马某取得了联系,并与龙江县妇联、龙江县某派出所积极沟通核实了基本案情。

2022年2月21日,马某来到龙江县法律援助中心申请法律援助。龙江县法律援助中心为其开通绿色通道,根据法律援助法相关规定,免于审查其经济困难情况,当即受理并指派黑龙江慎独律师事务所张晓东律师承办该案。

承办律师及时约见了马某,认真查阅了派出所提供的案件材料,掌握案件情况:2020年10月末,张某曾将马某的门牙打掉一颗。2021年,用剪刀将马某的腰部扎伤,创口深达1厘米,并打了拉架的女儿两个耳光。当时经派出所调解,马某对张某予以原谅。2022年1月,张某再次实施家暴,用拳头打伤马某颈部、胸部,打伤女儿面部、腰部。马某强烈要求离婚并平均分割财产。

因受援人马某不能提供夫妻共同房屋的产权证明,承办律师来到龙江县公证处申请调取证据,查阅收集了涉案房屋的两份公证书,以证明房屋为婚后取得的共同财产。

2022年3月2日,龙江县人民法院开庭审理此案。庭审中,承办律师提出了以下代理意见:1.原告提供的感情破裂证据符合法律规定,经调解无效,应当判决离婚;2.原、被告女儿张某某虽已成年,但尚不能独立生活,应判决允许张某某与原告共同生活;3.原夫妻共同财产应按照有利于原告的原则予以分割。

经龙江县人民法院调解,原被告同意离婚。2022年3月2日,龙江县人民法院出具了调解书:马某与张某离婚;婚后共同财产:张某名下位于龙江县龙江镇某村的三间瓦房(94m^2)、电动三轮车、农用四轮车、奇瑞牌小轿车、2021年度种植收入24000元归张某所有;张某于2022年3月2日前支付马某共同财产折价款25000元;双方无共同债务、无共同债权。

案例编号:HLJFYGL1671105134

案例四

河北省唐山市丰润区法律援助中心对李某某交通事故损害赔偿提供法律援助案

案例简介:

李某某75岁,老伴王某某74岁,系河北省唐山市丰润区某村村民。2021年10月,李某某开电动三轮车载着王某某,在唐山市丰润区某路段与驾驶小型汽车的谷某某发生交通事故,致李某某、王某某受伤,双方车辆受损。经唐山市公安交通管理部门认定,谷某某、李某某负事故同等责任,王某某无责任。李某某、王某某因此次交通事故产生医疗费、住院伙食费、交通费等损失一万余元。

因双方无法就赔偿数额达成一致意见,2022年1月12日,李某某和王某某来到河北省唐山市丰润区法律援助中心申请法律援助。经审核,唐山市丰润区法律援助中心认为李某某、王某某申请援助事项符合法律援助法的规定，决定给予法律援助，并立即指派河北民源律师事务所张犟律师承办此案。

承办律师多次和受援人沟通，指导并帮助受援人到唐山市公安交通管理部门调取谷某某、肇事车辆等相关证据。承办律师分析，本案的关键问题是谷某某认为其车辆也有损坏，应少赔偿受援人的损失，故不同意其投保的保险公司对受援人进行理赔。承办律师多次电话联系谷某某和保险公司做其工作，谷某某仍不肯签字。

2022年1月27日，承办律师代受援人向唐山市丰润区人民法院提起诉讼。在法庭上，承办律师提出以下代理意见：被告谷某某驾驶的小型轿车在某保险公司投保机动车交通事故责任强制险、机动车第三者责任保险，该事故发生在保险期间内。原告的损失应先由该保险公司在机动车交通事故责任强制险限额内赔偿，这部分不考虑事故责任比例；赔偿不足部分按事故责任比例由该保险公司在机动车第三者责任保险内赔偿；再不足部分由被告谷某某承担赔偿责任。

经承办律师不懈努力，受援人和谷某某、保险公司达成三方调解协议：谷某某和保险公司同意理赔，受援人也同意赔偿谷某某1500元。2022年3月16日，保险公司把13910元赔偿金支付到李某某银行账户，受援人撤诉，案件终结。

案例编号：HBFYGL1653286164

司法部发布贯彻实施法律援助法典型案例[*]

（2023年8月23日发布）

8月23日，司法部举行"法律援助惠及更多群众暨《办理法律援助案件程序规定》发布"新闻发布会，会上发布了典型案例。

据介绍，《中华人民共和国法律援助法》自2022年1月1日实施以来，各地司法行政机关和法律援助机构认真贯彻法律援助法，提高办案质量，切实维护人民群众的合法权益。这次发布的案例反映了各地法律援助机构贯彻落实法律援助法的新进展新成绩，反映了人民群众尊法守法、遇事找法、依法维权意识不断增强，也展现了法律援助制度在推进全面依法治国中的重要作用。

本次公开发布6个典型案例，主要有以下特点：

一是案件类型多样、受援群体广泛。从案例类型看，既有请求劳动关系确认、支付劳动报酬等常见案件，有请求给予社会保险待遇案件，也有请求工伤事故、交通事故、医疗事故人身损害赔偿的案件，有民事案件，也有刑事案件；从受援群体看，既包含了农民工、残疾人、妇女、未成年人等重点群体，也有网络直播卖货等新业态从业人员，充分展示了法律援助"接地气""惠民生"，依法为困难群众排忧解难、雪中送炭。

二是案例典型性指导性强。这些案例法律关系复杂、历经程序较多。比如，有一起案件历经了仲裁、诉讼一审、二审；还有一起案件，当事人先后

---

[*] 本文摘自司法部官网，网址：https://www.moj.gov.cn/pub/sfbgwapp/fzgzapp/ggfzfwapp/ggfzfwapp2/202308/t20230823_484873.html。

多次与医院沟通,均未能解决合理赔偿问题,最终在承办律师帮助下,依法维护了自己的合法权益。这些案例也为法律援助人员办理类似案件提供了参考借鉴。

三是法律援助机构履职尽责为民服务。从这次公开发布案例可以看到,法律援助机构坚持便民、利民、惠民,服务群众。有的当天接受申请、当天完成律师指派;有的区、市法律援助机构在一审、二审中接续用力,依法实施援助,确保案件质量。承办律师依法办案,他们用心用情为民服务,反复研究案情,多次与受援人沟通,调查取证,提出了高质量法律意见,展示了良好的职业操守。

案例一

北京市法律援助中心对马某确认劳动关系纠纷提供法律援助案

【基本案情】

赵某于2020年10月入职北京某运输公司(下称公司),承担冰箱、洗衣机等大件家电的派单上门送货工作,双方就工作事宜进行了口头约定,未签订书面劳动合同。自2020年11月开始,赵某使用自己的电动三轮车进行送货。2021年5月5日,赵某在送货途中突然死亡,被医院认定死亡原因是猝死。

赵某的配偶马某与公司协商赔偿事宜,公司以双方不存在劳动关系为由拒绝赔偿。马某向北京市西城区法律援助中心申请法律援助,西城区法律援助中心受理并审查后,指派北京市雄志律师事务所丁赛律师承办该案。承办律师帮助马某向西城区劳动人事争议仲裁委员会提出仲裁请求,要求确认赵某与公司的劳动关系。2021年8月16日,西城区劳动人事争议仲裁委员会作出裁决,确认双方存在劳动关系。公司不服仲裁裁决向西城区人民法院提起诉讼。2022年4月20日,西城区人民法院作出一审判决,确认双方存在劳动关系。一审中,丁赛律师继续受北京市西城区法律援助中心指派提供法律援助。

公司不服一审判决,提出上诉。2022年5月18日,马某到北京市法律援助中心申请法律援助。北京市法律援助中心认真研究了案件情况,从熟悉案情、保证援助质量出发,指派丁赛律师继续承办该案。承办律师接到指派后立即开展工作,了解公司上诉理由,进一步深入剖析案情证据,归纳争议焦点,补充证据材料,为二审庭审做足庭前工作。在对案件相关证据进行研究分析后,承办律师从认定劳动关系的三要素出发,提出了代理意见:公司与赵某之间符合法律、法规规定的劳动关系主体资格,赵某在工作中接受公司的管理、指挥和监督,赵某与公司存在从属关系;赵某所提供的劳动成果是公司业务的组成部分,公司向赵某支付劳动报酬。

2022年10月24日,北京市第二中级人民法院作出终审判决,驳回上诉请求,维持原判,确认了赵某与公司的劳动关系。

案件结束后,受援人马某依据终审判决确认的劳动关系另行向西城区劳动人事争议仲裁委员会提起劳动仲裁,要求公司支付一次性工伤死亡补助金、丧葬补助金、供养亲属抚恤金等费用,已获仲裁委支持。

【案例点评】

本案是一起典型的劳动关系确认案件。本案中,涉案人赵某死亡,对于全面准确核实和获得证据材料有一定影响。承办律师从认定劳动关系的三要素出发,积极调查补强证据,深入论证分析,最终维护了受援人的合法权益,为后续依法申请赔偿奠定了良好的法律基础。市、区法律援助中心接力援助,承办律师在仲裁、一审、二审三个阶段提供法律援助服务,最终取得了令受援人满意的结果。

案例二

上海市闵行区法律援助中心对农民工刘某某工伤赔偿提供法律援助案

【基本案情】

2020年9月,重庆籍农民工刘某某来到上海务工,通过上海某劳务公司派遣至奉贤区某工地工作。同年11月23日,刘某某在工地作业时被倒下的钢管砸伤。后经申请认定为工伤,鉴定结论为伤残八级。

2021年11月17日,刘某某来到上海市闵行区法律援助中心进行法律咨询,同时申请法律援助。闵行区法律援助中心受理并审查后,指派上海儒君律师事务所刘群律师承办该案。

承办律师了解到,劳务公司与刘某某约定工资为400元/天,按实际工作天数计算,工作期间刘某某实际月平均工资为8000余元,双方未签订劳动合同,劳务公司未缴纳员工社会保险。事发后,劳务公司通过工程项目参保申请工伤认定,并前往社保局办理工伤赔偿手续。同时,劳务公司以办理工伤赔偿需要补签劳动合同等材料为由,将事先准备好的劳动合同、辞职信让刘某某签字,其中补签的劳动合同中对于工资约定为每月4000元,180元/天。后社保局向刘某某支付了一次性伤残补助金、一次性工伤医疗补助金,但劳务公司拒绝支付一次性伤残就业补助金、停工留薪期待遇、交通费等。

2021年11月22日,承办律师向闵行区劳动仲裁委提交了仲裁申请。2022年1月27日,闵行区劳动仲裁委作出裁决,由劳务公司支付刘某某一次性伤残就业补助金差额3042元和2020年11月24日至2021年4月8日期间的停工留薪工资差额6603.45元。刘某某收到裁决书后当即表示不服,希望继续委托承办律师提供代理诉讼服务。

2022年2月9日,承办律师将诉讼材料提交至上海市闵行区人民法院进行立案。2022年2月23日,与劳务公司授权委托人员进行电话沟通时,承办律师表示：一次性伤残就业补助金有明确规定的计算标准，劳务公司应当足额支付；停工留薪期薪资按规定应以员工实际原有薪资计算，停工留薪期间工资应有10万余元；劳务公司为员工购买的意外险，理赔款应当是直接给被保险人的，劳务公司无权要求保险公司直接将理赔款支付给公司。承办律师与用人单位初步达成了一致意见。

2022年2月25日，承办律师约见劳务公司的授权委托人，双方达成协议：劳务公司补足仲裁裁决所确定的差额9645.45元，另外再增加100354.55元补偿给刘某某。当日，劳务公司将上述款项转账至刘某某银行账户。2022年2月28日，承办律师向闵行区人民法院提交撤诉申请，闵行区人民法院出具民事裁定书，本案正式终结。

【案例点评】

本案是一起典型的农民工工伤赔偿案件。本案中，因入职时双方未签订劳动合同，对受援人遭受工伤后依法追讨赔偿造成了影响。承办律师接受指派后，从维护当事人实际利益出发，深入了解研究案情，在仲裁裁决仅支持受援人部分请求的情况下，依法提出有针对性的代理意见，与劳务公司进行沟通协商，并最终促成双方达成一致意见，解决了双方劳动争议问题，有效维护了受援人的合法权益。

案例三

江苏省苏州市相城区法律援助中心对魏某某劳动争议纠纷提供法律援助案

【基本案情】

魏某某于2021年9月8日入职江苏省苏州某贸易公司（下称公司）从事网络主播工作，工作内容主要为直播卖货。9月20日，魏某某被诊断怀孕。后因体力负担较大，医生建议休息保胎，魏某某便将怀孕事宜告知公司，希望能减少直播卖货时间或转至幕后辅助工作，被公司拒绝。10月20

日,公司以魏某某不能胜任岗位为由解除劳动关系。

12月3日,魏某某来到江苏省苏州市相城区法律援助中心申请法律援助。工作人员受理并审查后,指派江苏智融律师事务所解善宇律师承办该案。

2021年12月6日,承办律师向相城区劳动人事争议仲裁委员会提交立案材料。2022年1月30日,该案开庭审理。公司代理律师认为,魏某某作为网络主播,没有达到公司的直播绩效考核要求,公司有权解除劳动合同。承办律师提出用人单位不得因女职工怀孕与其解除劳动合同,如解除,魏某某有权要求继续履行双方劳动合同,并可以要求公司补足其工资损失。

2022年5月11日,苏州市相城区劳动仲裁委裁决公司继续履行双方签订的劳动合同并支付劳动仲裁期间的工资损失27000元。公司不服仲裁裁决向苏州市相城区人民法院提起诉讼。苏州市相城区法律援助中心继续为魏某某诉讼阶段提供法律援助,并指派解善宇律师继续承办该案。

该案于2022年9月16日开庭。公司认为魏某某在面试的过程中存在隐瞒怀孕的事实行为,且魏某某系网络主播,基本工资并非9000元/月,而是3500元/月。承办律师提出,魏某某系在入职后才知道怀孕,且是否怀孕并非录用的条件,魏某某不存在隐瞒重要事实的行为。关于工资基数,承办律师补充提交了考勤及工资发放记录,认为基本工资系9000元/月,劳动合同中对工资进行了拆分,与事实不符。

承办法官询问双方是否愿意就工资、赔偿金、生育津贴、医疗费等一次性了结,魏某某考虑到自身长时间没有收入,且在哺乳期,一时无法再就业,愿意一次性了结。最终,承办律师帮助魏某某与公司达成一次性支付8万元的调解方案,双方当庭签订调解协议,案件结束。

【案例点评】

本案是一起典型的新就业形态劳动者劳动争议纠纷案件。受援人魏某某系网络主播,该行业工作时间、工作内容、考核标准、管理监督等均有别于传统用工模式。发生纠纷时,劳动者与用人单位之间往往在解除或履行劳动合同、工资支付金额等事项上存在较大分歧。承办律师综合考虑新业态人员的就业特征、再就业困难等因素,制定最优方案,据理力争,依法帮助受援人争取到合理补偿。本案对于处理同类案件,特别是对新业态女性从业人员的权益维护具有参考意义。

案例四

四川省某县法律援助中心对未成年人赵某某涉嫌盗窃罪提供法律援助案

【基本案情】

2022年5月1日，牛某发现一些小区门口停放的一些小汽车未及时上锁，便约赵某某、刘某甲、刘某乙对未上锁的汽车实施盗窃。同日22时，牛某等4人在某酒店停车场附近寻找作案目标时，发现一辆黑色奔驰车未关闭车窗，便由牛某带领刘某甲、刘某乙在四周"望风"，由赵某某钻入车内盗窃了一个黑色背包（内有现金800元及一副蓝牙耳机）。5月20日零时许，赵某某又约牛某采用上述方式进入一辆小轿车内，盗窃车内现金人民币1330元。

本案经四川省某县公安局侦查终结后，移送某县人民检察院审查起诉。由于赵某某犯罪时是未成年人且没有委托辩护人，某县人民检察院通知某县法律援助中心为其指派辩护律师。该法律援助中心指派四川诘通律师事务所冯泸平律师承办该案。

通过与受援人的父母多次沟通、交换意见，以及阅卷与会见，承办律师认为：赵某某作为犯罪时未满十八周岁的未成年人，由于早年辍学，较早步入社会，沾染了一些社会不良习气、好逸恶劳。但赵某某涉事不深，应考虑如何更好地教育挽救他，让其回归正常生活。为此，承办律师提出如下辩护意见：一是赵某某归案后如实供述犯罪事实，系坦白；二是赵某某案发时未满十八周岁，且自愿认罪认罚，可以依法从轻或者减轻处罚；三是由于赵某某处于生理发育和心理发展的特殊时期，心智尚不成熟，本着教育为主、惩罚为辅的原则，建议检察机关作出不起诉或附条件不起诉的决定。

2022年9月，某县人民检察院采纳了承办律师的辩护意见。根据《中华人民共和国刑法》第二百六十四条规定，赵某某的行为可能判处一年以下有期徒刑，但赵某某具有坦白、认罪认罚、积极赔偿并取得谅解等法定和酌定从轻处罚情节。考虑到赵某某的认罪、悔罪情节，根据《中华人民共和国刑事诉讼法》第二百八十二条第一款的规定，某县人民检察院对赵某某作出附条件不起诉决定，考验期六个月。

【案例点评】

本案是一起涉及未成年人刑事犯罪、由人民检察院通知辩护的案件。承办律师将工作重点放在提出合理化的量刑建议上，指出受援人犯罪时尚未成年，有坦白、认罪认罚等法定情节，建议人民检察院作出不起诉或附条件不起诉的决定，并最终被人民检察院采纳。承办律师在办案中，充分考虑未成年人身心发育特点，从人性化角度提供尽可能的帮助，让当事人感受到社会温暖，有利于其今后更好地生活成长。

案例五

山东省济宁市汶上县法律援助中心对李某某医疗事故人身损害赔偿纠纷提供法律援助案

【基本案情】

2021年3月30日，李某某因右足跟外伤到某医院接受治疗。4月8日，某医院在手术过程中，由于一系列原因，致使李某某术后出现了右下肢皮肤感觉减退、右蹰背伸肌力下降的神经损伤等表现。李某某就医疗损害赔偿多次找医院协商无果后，于2022年3月1日，来到山东省济宁市汶上县法律援助中心申请法律援助。汶上县法律援助中心受理并审查后，指派本中心李吉君律师承办该案。接案后，承办律师分析证据，与李某某及家人共同研究确定证据补强方案，克服困难，调查取证，提出了民事诉讼并申请司法鉴定。

2022年9月27日，汶上县人民法院开庭审理此案。承办律师提出了如下代理意见：第一，山东大舜司法鉴定所出具的鉴定结论认定，某医院在对李某某的医疗活动中存在过错，并且过错行为与李某某的损伤之间存在因果关系，因此，该医院应当依法向李某某承担侵权赔偿责任。第二，结合李某某提交的微信交易明细、车辆违章处理信息、物流公司证明、驾驶资格证、道路运输从业资格证，综合认定李某某在本案事故发生前从事道路交通运输，李某某请求的误工费应按2021年度山东省交通运输行业标准进行计算。第三，关于李某某请求的精神损害抚慰金问题。因李某某在本次事故中构成两处十级伤残，对其精神造成了一定的损害，医院理应向李某某给付精神损害抚慰金。

2022年10月23日，汶上县人民法院作出判决，采纳了承办律师大部分意见，确定医院对李某某的损伤承担70%的赔偿责任，判决医院赔偿李某某医疗费、误工费、伤残赔偿金、护理费、住院伙食补助费、营养费、交通费、精神损害抚慰金共计190837元。双方均未提起上诉，医院按期支付了款项。

【案例点评】

本案是一起典型的医疗事故人身损害赔偿案件，是法律援助法规定援助事项范围的案件类型。医疗事故损害赔偿案件复杂性强，专业要求高。本案中，在承办律师的帮助下，受援人申请了医疗鉴定，证明了医疗机构在诊疗行为中存在过错以及过错行为与损伤之间存在因果关系，为案件的胜诉获得了有利的证据支持，最终维护了受援人的合法权益。该案例示范性较强，为法律援助人员办理此类案件提供了有益借鉴。

案例六

浙江省金华市磐安县法律援助中心为军属范某某交通事故责任纠纷提供法律援助案

【基本案情】

2011年7月，范某某驾驶普通二轮摩托车在道路上行驶时，与对向直行的孔某某驾驶的货车相撞，造成车损及范某某受伤的交通事故。交警大队认定孔某某在本次事故中负次要责任。孔某某驾驶的货车车主为陈某某，该车在保险公司投保有第三者强制保险和第三者商业保险。

2012年7月,范某某在浙江省金华市磐安县法律援助中心指派的承办律师帮助下,在法院主持调解下与对方达成协议:一、由某保险公司在保险范围内赔偿范某某医疗费、残疾赔偿金、后期护理费及精神损害抚慰金等损失239636.69元(后期护理费暂计10年)。二、由陈某某赔偿范某某医疗费、残疾赔偿金、后期护理费及精神损害抚慰金等损失9895.87元。

2023年2月,范某某因10年护理期限已满,仍需继续护理,于是向磐安县法律援助中心再次申请法律援助。磐安县法律援助中心经审查认为,范某某儿子在部队服役,其妻子无固定工作,且有年迈的母亲需要赡养,符合法律援助法和《军人军属法律援助工作实施办法》的规定,决定对其提供法律援助,指派磐安县正平法律服务所的基层法律服务工作者戴育平承办此案。

接受指派后,承办人查阅了2012年的案件卷宗,调取案涉驾驶员孔某某、车主陈某某的户籍信息及保险公司的企业信息、范某某的病历资料、司法鉴定意见书、民事调解书等证据材料。为帮助受援人尽快获得后续护理费,承办人主动与保险公司人员联系沟通,建议保险公司派人对范某某现有的身体状况予以现场确认,尽快决定是否需要进行护理依赖程度的重新鉴定。保险公司在派人与范某某接触后,放弃了重新鉴定的想法。同时,承办人还积极与保险公司接触,希望能寻求一次性解决方案。

关于范某某护理依赖的赔偿标准,根据《浙江省高级人民法院关于人身损害赔偿项目计算标准的指引》,承办人提出,应当适用最新的护理费用赔偿标准,并明确提出了护理费用数额。

经过多轮沟通,双方达成了调解协议,磐安县人民法院作出了(2023)浙0727民初414号民事调解书,由某保险公司再支付范某某10年的后续护理费166150.92元。目前款项已履行到位。

【案例点评】

本案既是交通事故引发的人身损害赔偿案件,属于法律援助法援助事项范围的案件类型,同时也是一起军属维权的案件。依法实施法律援助,维护军人军属的合法权益,是法律援助机构的重要职责。本案由于时间跨度大,比较考验承办律师的办案能力。案件办理中,承办律师通过多方收集证据，主动与保险公司沟通并寻求一次性解决方案，最终促成案件调解结案，让受援人范某某获得最大限度的赔偿，解决了其后续护理费用的实际问题，还帮助其减轻了负担，体现了法律援助"惠民生、暖民心"的价值追求。